# 就職活動をはじめる前に読む本

## 人生を創造するために

浦上昌則
三宅章介
横山明子 著

北大路書房

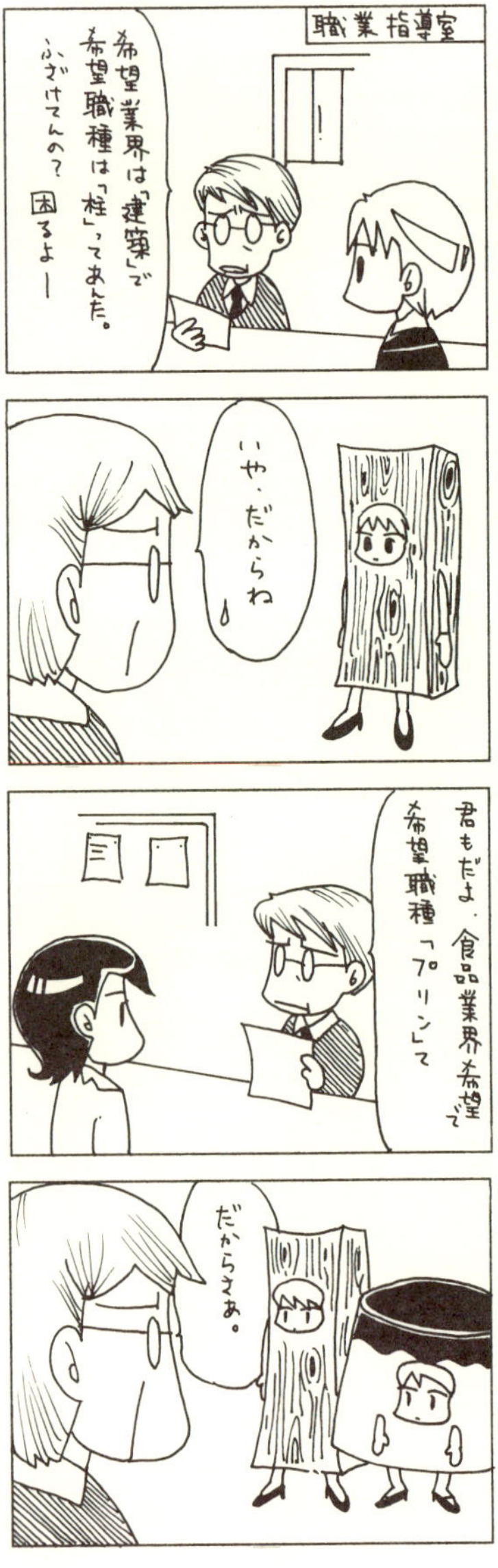
職業指導室
希望業界は「建築」で
希望職種は「柱」ってあんた。
ふざけてんの？ 困るよー
いや、だからね
君もだよ、食品業界希望で
希望職種「プリン」て
だからさあ。

# この本を手にしたみなさんへ

一般の書店はもちろん学内にある書店にも、それこそ山のように就職関係の書籍があります。「自己分析…」「SPI攻略…」「就職面接…」など特定のスキルに絞った書籍から雑誌類まで、専門書にも引けをとらない充実ぶりです。それらには貴重で重要な情報が掲載されています。私たちも、それらがみなさんにとって十分に役立つものと考えていますし、就職を希望しているのであれば読んであたりまえだと思っています。

しかし、何か足りない…

私たちは、そう感じるのです。それだけで十分だとは思えないのです。それも大切な何かが足りない。その足りない部分を補う目的で生まれたのがこの本です。

私たちは大学に籍を置いています。そのため、学生の就職活動に取り組むようすを毎年見ていますし、時には相談を受けたりもします。その中で気づくことに、就職活動に入る前、つまり三年生の中ごろに、学生が妙に困惑した状態になるということがあります。

就職のことは気になる。しかし、具体的な活動はもう少し先のこと。でも、やはり気になる… こんな、気持ちばかりが空回りしているような姿を見ることは珍しくありません。客観的に、そして大局的にこのようなようすを見れば、「そんな時期も必要なのだ」ということもできます。しかし、単に困惑しているだけではもったいない。そんな時期に手にできるような本が作れないか。
こんなきっかけから、本書はできあがりました。

この本は、タイトルの通り、就職が気になり始めた時に読んでいただきたいと思います。専門学校生や短大生であれば一年生の時、大学生であれば三年生になるころに読んでいただけたらと思っています。また、現在職に就いている人やフリーターの人にも、就職活動をやり直してみようかと考え始めている場合には、まずは読んでもらい、その後でじっくりと考えてほしいと思います。なぜなら、この本は薬でたとえるなら、すぐ効いてくる特効薬ではないからです。ビタミン剤やサプリメントのように、資本となる体力づくりを目的としているのです。読みながら、もしくは読んだ後で、就職（あるいは転職）に向けた体質改善をじっくりと行なうことができる時間を必要とするものです。

本書は、補章を設けてありますが、基本的には三つの章から構成されています。①社会・会社を知ること、②自分と自分のこれからを考えること、そして③決め方を学ぶことの三つの内容です。きわめて単純に職業選択を図式化すれば、社会や会社の情報と自分自身の情報を、決定システムの中に入れて答えを出すというものです。これにしたがった形で三つの章を設けました。本書での順は多くの人に適合するように決めましたが、興味をひかれる部分から読んでいってもかまいません。それくらい、これらの三つの内容は密接な関係性をもっているのです。そして、それらをめぐることによって具体的な就職活動に向けての体力作りをしてほしいと思います。

またこの本を手にした人の中には、すでに就職活動に突入している人がいるかもしれません。就職活動用の情報誌に目を通したことがある人は、この本を読み終えた後、もう一度同じ情報誌を読み直してほしいと思います。そこに書いてあることを新しい視点で見ることができるようになっていれば、私たちの目論見は成功したことになります。あなたの中で何が変わるか、楽しみにしながら読み進めていただければと願っています。ただし、時間の問題がありますので、その後は少しペースアップが必要でしょう。各章の最初には、すでに活動に突入している人たちに登場してもらっています。そして章末には、それらの人に対するアドバイスをまとめておきました。これも参考にしてみてください。

さらに就職活動をやり直してみようと思いはじめている人には、まずは一読して、いろいろなことを再考してほしいと思います。やり直したいと思っているということは何か不満なことがあるからだと思います。どうしてそのような不満が生まれたのか。それは就職活動をやり直すことで解決するのか。どのような点に注意すれば、同じ失敗をくり返さないか。この本の中には、これらのことを考えるために役立つ点も多いと思います。

では、じっくりと読み進めてください。

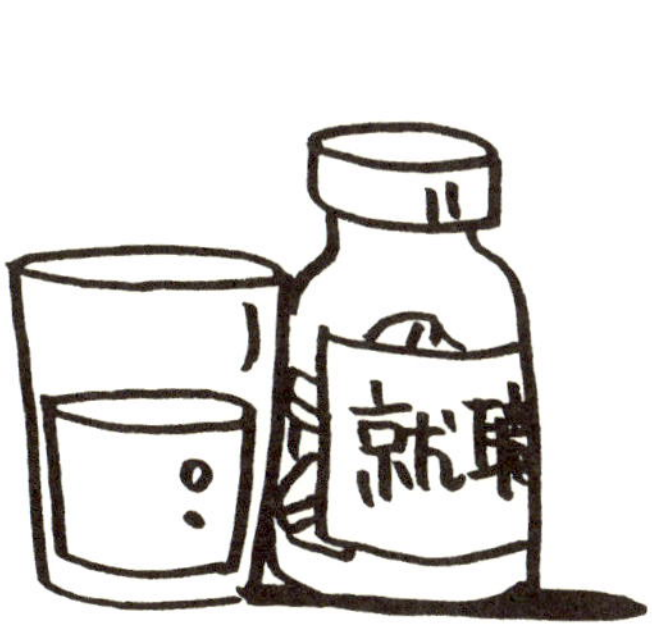

CONTENTS

# 第1章　経済社会と会社を知る

## Aさんのケース

またダメか…

今日は、先日一次試験を受けたS社の結果通知がある日のはずだった。そんなに自信があるわけではなかったが、Aさんは心の片隅に希望を抱いていた。しかし、もう夜の九時だ。握りしめていた携帯の着信履歴を確認してから、風呂へと向かった。

Aさんは、自信を失いかけていた。これまでいったい何社から「オマエはいらない」と言われただろう。もちろん、そんなにはっきりと言われたわけではないのだが、「ご縁がない」というのは「いらない」という判断をしたってことなのだ。Aさんは湯船の中で頭を抱えた。

子どものころはよかった。たとえ結果が悪くても、努力賞があった。一生懸命勉強すれば先生はほめてくれた。進学の時も、今から考えればマシだった。テストの点が合格の可能性を教えてくれた。あとどれくらい努力すれば合格圏に入れるのかがわかった。学校でも人付き合いがよく、友人も多かったので、この点も面接で認めてもらえたのではないかと思っているのだが。

それがどうだ。就職は、どんなに努力したってすべては結果しだいだ。それに、どうしてダメだったのかも教えてくれない。私はダメな人間なのか…。

Aさんは、何をどうすればいいのかまったくわからなくなってしまった。

**学生の中には、人付き合いもよく人間的にとても魅力的なものをもっているのに、就職活動はうまく**

いかない人がいます。就職活動は、自分を企業に売り込むことに例えられることがありますが、Aさんのように自分の魅力をうまくアピールできない人は、友達という関係の中においては魅力的であっても、互いに協力しながら結果を求める仕事仲間としては魅力が認められにくいと言わざるをえません。

人間的な魅力は必要不可欠ですが、それだけではうまくいかないのが就職です。クラスや友達の間とは、評価の基準が少し違っているのです。今自分がもっている魅力を高めていくことに加え、社会や会社で必要とされる力を身に付けていく必要があります。

そこで、まず社会や会社の変遷と現状を知ることから、どんな力が必要とされているのかを考えてみましょう。

# 第1節　社会や会社が求める人間像

## 1　今の学生は旧型人間？

大学生ですと、四年生になると人生における重要な進路選択に直面します。いちがいに進路といっても、先のAさんのような就職をするための会社や業種選びという選択だけでなく、より高度な知識を習得するために大学院に進学するとか、あるいは技術や技能といったスキルを得るために専門学校に進学するなどといった進路もあります。もちろん医科系のような分野では入学前から卒業後の進路はたいてい決まっていますから、問題はそれほど深刻ではないかもしれません。ところが、人文系学部や社会系学部のような卒業後の進路が多様にある専攻分野であると、このことはたいへん大きな決定事項になります。

現実的には、最も多い進路選択先は就職です。しかし就職といっても、数多くある企業の中から選んでいくわけですから、どこがいいのかと悩むことになるのです。このような悩み多き時期に学生たちに会うと、「先生、どこかよいところはありませんか」とよく尋ねられます。そこで「何をしたいの？」と聞くと、「何をしたらよいかわからないのですが…」という返事が返ってくることもあります。これにはこちらも困ります…。
　また、質問や要望も多様です。「どのような職業が自分の適性にあっているか」とか、「どのような職業には、どのようなことが期待できるか」といった踏み込んだ質問もあります。具体的な会社の名前をあげて、「ここを紹介してもらえないか」という場合もあります。気持ちはわからないでもないのですが、「どこでもよいから、先生の知り合いや、先生の力の及ぶ会社を紹介してほしい」という学生もでてきます。

　他方で、学校や教員とのかかわりあいを嫌がる学生もいます。というのは、紹介してもらうと、会社で失敗したときとか、あまり有能な社員でないと思われてしまったときに、後ろめたさを感じてしまうからです。また、給料や労働条件が悪いことがわかったり、人間関係が嫌になって辞めたいと思ってもなかなか辞めることができないという自由さに制限がかかるのを避けたいとの気持ちもあるようです。確かにこれには一理あります。

　そうなると実力で就職試験を受けて入ればよいのですが、そこには入社試験が立ちはだかっているので、それをクリアしなければ就職はできません。社会から高い評価を受けている企業ほど優れた人材が集中して応募してくるので、就職希望者の間で激しい競争が行なわれることになります。これはわかり

きったことです。「一年生に入学したときからしっかり勉強をしておいた方がよいよ」というのですが、大学だと就職は三年後のことになるので、いつの間にかそれを忘れてしまうのです。朝日新聞が大学学長に対して行なったアンケート調査では、学生の学力低下について「たいへんそう思う」と「ややそう思う」の合計が80％であったと報道されたこともあります。★1 しっかりしろ、学生諸君！ と言いたくもなるのです。

後で詳しく話をしますが、これまでの社会を一言で言うならば、「もたれあいの社会」であり、それは「何とかなる」「何とかしてくれるだろう」という、「予測のつく社会」であったといってもよいでしょう。企業では、世界的規模での厳しい競争に勝ち残っていくため、あるいは吸収されたり買収されたりしないために、「脱もたれあい」の方向で常に改革を行なっています。みなさんの多くはこのような企業に就職していくわけですから、これに対応して「もたれあいの関係」から「自立」へと自分の考え方を改めていく必要があります。

これまでの社会にうまく対応できた人は、旧型になりつつあります。流行のスタイルに身をつつんでいても、思考が旧型では格好がつきませんね。頭の中を最新型にしていくために、これまでの社会と現状、そしてこれからの社会をのぞいてみることにしましょう。

## 2　これまでの社会と人々

私たちは、労働力を職業に投入し賃金を得て生活していくことになります。では、みなさんは働く場、つまり職場はどのようなところが良いと思いますか？

仕事が与えてくれるものは賃金だけではありません。新しい能力や知識、経験を与えてくれますし、最近では考え方が変わってきましたが、保養地の宿泊施設やスポーツ施設など福利厚生施設を安い値段で利用できるように配慮した施策もあります。また、職業能力に直結した教育を受けていないみなさんは、会社での教育訓練に関心があるかもしれませんね。

このような従業員の職業生活に対するサポートは、企業側の政策として行なわれてきました。終身雇用制や年功序列制といった経営の基本的施策を前提として、いかに生産性をあげていくか、そのためにいかにすれば従業員が喜んで働いてくれる状況になるか、ということをねらったものでした。このような手厚いサポートが整っているところは大企業に多いので、就職するなら大企業の方が良いというアドバイスをしてくれる人もいるでしょう。さらに大企業では仕事が専門化していて能力を身に付けられるし、人事制度や福利施設がきちんとしているから、働くのに適しているという意見もあります。もちろんこれに対して、そうとは限らないと考える人もいるでしょうが、これらはだいたいにおいては当たっています。規模の大きな企業ほど、しっかりとした教育訓練ができるだけの設備や人手をもっています。

このような制度や施設が大企業の魅力の一つであったことは確かです。しかし後で企業の現状についてふれますが、大企業といえども従業員に手厚い教育訓練を実施することや、福利厚生施設を維持していくことは、現在では大きな負担になってきているのです。

ここで、従業員管理の歴史を少し振り返ってみます。わが国の大企業では、終身雇用制、年功序列制、企業内組合を経営の基本的施策として、戦後長い間、よほどのことがない限りこれらの雇用慣行は守られてきました。これがあるために、従業員は入社から定年にかけて、安い賃金からスタートし、将来は高い賃金がもらえるようになるのだという一種の期待感のようなものに支えられながら、安心して会社勤めを続けてきたようなところがありました。これは昭和四十七年に発表された『ＯＥＣＤ対日労働報告書』でも明らかにされていることです。つまり、長く勤めれば自分の職業生活は報われるという期待感と、実際にそうなってきたという事実が企業を支えてきたと思われます。

以前は、先端技術をアメリカやヨーロッパ諸国から導入し、勤勉な従業員によって大量生産するという方向に進んでいました。そのためには、生産作業を分解し標準化し、誰にでもできるような単純作業にする必要があったので、現場では専門的な職業能力をつけることがあまり必要とされなくなりました。しかし同時にそのころは、まだまだ作業工程の自動化が進んでいなかったので、生産には経験やカンを必要とし、熟練作業者が重要な存在だったのです。具体的にはどんな仕事だったのかというと、ライン作業の調整や機械のメンテナンス、あるいは治工具類や型の製作、保守というようなものでした。このような専門的な職業能力をもつ人々の存在が、わが国の物づくりの根幹を支えてきたといえます。しかも技能は長い職業生活の中で徐々に身に付くものなので、終身雇用制や年功序列制はその伝承にうまく機能してきたのです。

しかし、今日の状況はどうでしょうか。工場など製造現場において、機械はほとんど自動化されＩＴ化されているので、人間の技能が入る余地が少なくなっています。これでは、もし機械が故障したりメンテナンスをしなければならないときに、修理や補修ができる作業者がいないということになります。最悪の場合には、生産がストップしてしまうことにもなりかねません。そのようなことから、ある自動車会社などでは一部の作業をあえて自動化しないなどして、意図的に技能者養成を行なうようになりました。しかしながら、このような状況は一部の業種のある職種に限られるといってもよいかもしれません。多くの場合は、従業員に長く勤めてもらうことで企業側が得るメリットが少なくなってきているのです。

それと同時に、働き手の方も変化してきています。近年のような不況の中でも、若年労働者が積極的に、もしくは消極的にフリーターになる、あるいは就職しても人間関係がよくないとか、上役とそりが合わないとか、仕事がきついなどの理由から、短期の就労で退職する場合が多いのです。もちろん、企業が即戦力として中途採用者を多く採用し、若年労働者を減らしていることも事実です。しかし企業の都合で終身雇用や長期雇用が行なわれなくなったということのほかに、働き手が自らそれを放棄してきているという背景もあるのです。

そこで、平成元年から十一年まで、入社後三年間でどの程度退職するかという傾向を厚生労働省のデータで見てみると、次のようなことがわかります。

①中学校卒業者、高等学校卒業者、短大卒業者、そして大学卒業者という順に三年以内の退職率が高い。

②退職率は、中学校卒業者は一年目で40～50％の者が退職してしまうが、高校卒業者の退職率はその約半分である。そして短大卒業者、大学卒業者の順で低くなる。

③二年目、三年目になると、退職率に学歴による差は少ない。

④三年間を合計した退職率は、中学校卒業者では65～70％強、高校卒業者は40～50％、短大卒業者は40％前後、大学卒業者は25～35％程度である。

このような新卒者の傾向を企業側から考えると、採用して教育訓練を行ない、第一戦で働けるようになったころに退職されてしまうということになります。これまでの能力開発には、オフ・ザ・ジョブ・トレーニング（Off the Job Training）とオン・ザ・ジョブ・トレーニング（On the Job Training）との二つの方法を行なってきました。前者は、集合教育ともいい、新入社員や同じ職種の従業員、同じ役職者らを集め一律に教育訓練を行なう機会を設けるものです。後者は日常の仕事の中で役職者や先輩あるいは経験者が指導していくものです。あたり前ですが、このような教育訓練はすぐに辞めてしまうような従業員に対しては役に立ちません。じっくりと腰を据えて仕事に励んでくれる従業員に対して機能するものなのです。

平成八年度の「労働白書」で指摘されているように、このような教育訓練は、終身雇用制の崩壊とともに十分機能しなくなってきています。そのため企業としては、従業員一律にではなく、一部を選別して能力アップを図るようになりつつあります。また、企業経営にとって教育訓練費の負担が大きくのしかかるようになったため、多くの企業が能力開発は従業員一人ひとりの自己責任で行なうという方針をとるようになってきています。

簡単にこれまでの企業と従業員の変遷をみてきました。終身雇用制や年功序列制といった雇用慣行が企業と従業員の両者の間でうまく作用していた時期もあったことはわかってもらえると思います。そのような時期には、働く方から考えれば、生涯を通して働きやすい環境を重要視したり、一つの会社で働いていれば、それが能力アップになるという意識があったといえます。しかしこれが根底から揺らいできているのです。揺るぎだした原因は、企業側にも従業員側にもあるのです。

## 3　これからの社会に望まれる人材像

状況が変化すると、新しい状況にそった考え方や対応が求められます。現在の変化への対応を考えてみると、これからは自己責任で能力開発をしなければならないということが見えてきます。この自己啓発こそ、これからのビジネス・パーソンに最も必要な能力開発の方法であり、それを生涯にわたって続けていける人が、成功に最も近づける人といえるのではないでしょうか。ともかくこれからの職業人は、会社や教育機関で受動的に学ぶのではなく、自らが主体的に学ぶということ、そのためには給料を自らの学習に投資（自己投資）していくことも必要です。

では、今日の企業ではどのような人間を要求しているのでしょうか。もちろん、学校は企業が必要とする人間を養成するのではなく、社会が必要とする人間を養成していく使命があります。とはいえ、卒業者のほとんどは企業の中で働くわけですから、企業を無視して社会だけを語ることはできません。さらに、企業活動自体も社会に影響を与えています。そこでここでは、企業の人事担当者がどのような人間を求めているのかを最近の調査から書き出してみましょう。

今、手元にビジネス雑誌★2がありますが、これに「人事部長の本音―こんな学生は要らないという採用

現場からの大学への要望」という記事がありました。そこには、能力、性格や考え方、人生観等について厳しい意見が出ています。この中からいくつかの意見をピックアップし、まとめてみましょう。

〔能力面〕

●「読み・書き・そろばん」のできない学生。（機械、同種の回答がきわめて多い）

●文系では国家資格や語学力だけをアピールする学生、理系では手を汚さずシミュレーションばかりやってきた学生はいらない。（輸送用機器）

●一般教養、社会の一般的な出来事なども頭に入っていない学生。（サービス）

〔性格面〕

●知識、技術に勝るは態度なりという考えもあり。基本動作（挨拶、身だしなみ、基本姿勢など）がわからない人がいる。（不動産）

●大学ブランドを頼りに生きている学生。（石油、ゴム）

●「自分は自分だ」といって他の人に協力しない人。（電気機器）

●決められたことしかしない。自ら行動する場合も自分流でしか行なわず、責任も取りたがらない。（卸売、小売）

●嘘、偽りの多い学生。（金融、保険）

〔人生観〕

●「働く理由」が言えない。（建設）

●自分の人生をまじめに答えられない人。（農林、水産）

●自分自身の未来像をもっていない人。（運輸）

●業界が安定している。不況に強いと思っている学生。わが社を「大企業」という学生。（食料品）

●会社を教育機関とまちがえている学生。（サービス）

さらに、これらの学生について、次のようなアドバイスが掲載されています。

●本当の自分をさらけだすこと。（農林、水産）

●現場ではあらゆる年代・学歴・経歴の人がいるので分け隔てなくその人格が認められることが大切。（運輸）

●「伸びている企業」のなかに「仕事が楽な企業」は絶対ない。受験の際には十分な覚悟をもってきてほしい。（食料品）

●専門分野をある程度きわめること。「ものの考え方、論理の組み立て方」は必ず仕事で生かせる。（機械）

●入社前にコンピュータの基礎学習をしておくこと。（サービス。同様の意見多数）

●プレゼンテーション能力とコミュニケーション能力が必要。（その他）

●個性を殺す「マニュアル本」に影響されず、「自分をありのままに見せること」。（電気機器）

このような意見から言えることは、まず一般的な教養を身につける必要があるということでしょう。後にも触れますが、ここで言われている教養は知識が豊かであるということだけではありません。考え方や態度なども含んだ広い意味で使われています。そして「読み・書き・そろばん」、「話す」というようなコミュニケーションや自らの意思を表現するプレゼンテーションにかかわるようなスキルも必要だといえます。さらに、きちんとした自分自身に対する認識ができているかどうかという点も含まれています。これらを会社の人事担当は見ているようです。

このような意見に対してみなさんはどのよう考えますか？

どのように対応していきますか？

先にまとめたものの三つ目、自分自身に対する認識については、第2章で扱いますので、ここでは残

りの二つについて考えていきます。

## 4 教養

このことについては、興味深い意見があります。それは、ベルギー人のジョゼフ・バジールのものです。彼は、大学を卒業し電気器具製造会社を設立した人物です。後に世界的に有名なオランダのフィリップス社と合併し重役として迎えられた電気技師であり経営者（神父でもある）ですが、その彼が自らの体験を基にして『人間回復の経営学—１９８０年代の管理者像』★3という本を書いています。少し古いものですが、みごとに二十一世紀にも通用するものです。

引用が少し長くなりますが、彼はこう言います。

「未来ならびにその予測しがたい事態に立ち向かうためには、管理者は自己のすべての能力をその一つといえどもおろそかにしないで、唯一の最前線に結集しなければならない。内面的な素養の強化、すなわち生き方の秘訣、考え方の秘訣、感じ方の秘訣に結ばれた、技術の発達を司る諸力の調和と均衡によって、外部世界の動きを掌握しなければならない。そういった巧妙な融合と人間の統一性の再建だけがわれわれのうちから現代の苦悩を取り除いてくれるのではないだろうか。未来と精神の効用に向けられるどんな自由の行動も、知り、行動し、感ずるという三重の調和を前提としている。そうすると、知識を殖やす、行動に新しい方向づけを与える、精神を向上させるという三つの効果を同時に引き出させるこの新しい管理方式を修得するにはどのようにしたらよいだろうか？　それは深い生きた教養を身につけた管理者と幹部を養成することによってであると思われる。これは単に企業経営者についてではなく、さらにやがて幹部になるすべての人、あるいは他者の行動に責任をもつすべての人について言えることである」

そして彼は一般的教養を「自己と社会とのつり合いのとれた発展を目指す、情報、行動、内省という三重の努力によって得られる調和のとれた人間形成のことである」と定義します。さらに、「完全な意味での教養とは、右にあげたいろいろな努力を（これは情報、行動、内省という努力のことをいう）、判断・意志・内面生活という三つのものの均衡によって総合することを意味している。そして、さらにこの知力・力学的・精神的な三重の努力は、管理者個人の向上や満足だけに限定されてはならない。これは最終的な目標、すなわち社会全体の利益のために役立てるべきものであるからである。このような教養こそ、今後待ち受けているさまざまな状況に管理者を敢然と立ち向かうことを可能ならしめるものにちがいない」というのです。

バジールは、これからの激動期の管理者やあるいは人々に影響を及ぼす人たちに要求される能力は、このような教養であると指摘します。また、教養こそこれからの社会の荒波を乗り切っていく原動力である、と述べています。これは、みなさんよりも先輩社会人に要求されているものですが、社会人になるみなさんにとっても、これからどのような人間になればよいか、そしてこれからどのような勉強をすればよいかを示唆しているように思えます。

先の引用から考えられることは、知識を増やすこと、行動すること、精神的に向上することの三つです。そしてこれらの調和をとることです。机にしがみついてガリガリと勉強するだけでもありませんし、むやみやたらに突っ走るだけでもダメなのです。感受性を育むことも大切ですが、もちろんそれだけでもダメなのです。学んだことを実践する、実践から感じ取る、感じたことから考えるなど三つの調和をはかりながら、レベルアップするしかないのです。

逆に言えば、勉強はできないけど行動力には自信があるという場合には、行動した結果から学んだり、感じたりすることから始めればよいことになります。また行動するために知識を増やすとか、感じたことを行動に反映させればよいことにもなります。

意識的にこのように考えていると、自分の小ささに気づくと思います。狭い世界しか知らないことに気づくと思います。そこからスタートして、大きく、広くなっていけばよいのです。そして、そこに一貫性が生まれてきたとき、みなさんの言動に教養がにじみでることになるでしょう。

ともかく、教養というものは、その人の人格、人間性が端的に現われるものですから、就職試験の面接ではこのことがすぐに伝わってしまいます。先にも述べましたが、社会的に評価の高い企業では必ず

採用試験があり、教養試験も含まれます。また行政に進むような場合には、教養試験が重要視されます。そのため、行政や関係団体で仕事をしていきたいという人は、今すぐからでも教養を深めていってほしいと思います。筆記試験としては、語学、数学、文学、歴史、経済、法律等々です。もちろん試験で測られるものは、教養のごく一部でしかありませんが、視野を広げておくことは現実的な対応策として必要です。

## 5 スキル

次にスキルというものですが、これは、よい人間関係が築けるように相手を配慮した行動をするとか、パソコンを仕事で活用できるというような技術、技能のことです。もうずいぶん前のことですが、このスキルについては、ロバート・カッツという人が三種類に分けています。一つはテクニカル・スキルというものであり、先のパソコンを操作するといったような能力です。そして、人間関係において他の人とうまくつき合う、あるいは他の人の能力をうまくマネジメントするというヒューマン・スキル、三つ目にコンセプチュアル・スキルというものをあげています。コンセプチュアル・スキルは、職場で働く際、自分がその立場で何を考え、どのように行動すればよいかを判断するスキルです。これらのことをもう少し詳しく述べておきましょう。

テクニカル・スキルは、特に就職直後の社員に要求されるようなものです。これは職階があがるにつれて、つまり組織の中で重要な役割や管理業務を担うようになるほど、その重要性は低くなるといわれています。そのため、第一線の社員に必要なスキルといってもよいでしょう。このスキルは理論と結びつくことによって、その人に大きな能力と自信を与えることになります。

ヒューマン・スキルは対人スキルというものですから、仕事上、よい人間関係を築くことに役に立つものです。もちろんよい人間関係とは仲良しになるということだけではなく、仕事の達成に向けた協力や建設的批判ができるような人間関係を構築するということです。ヒューマン・スキルはどのような職階でも等しく必要だと指摘されています。また、コミュニケーションやプレゼンテーションに関するスキルはテクニカル・スキルとも深く関係しますが、これらがうまく統合されるとヒューマン・スキルもいっそうレベルアップしたものになります。

そして最後のコンセプチュアル・スキルですが、これは職階が上がるほど重要になるスキルです。これは、その特徴から組織の将来を担っていく人たちに特に必要なものですから、管理者はこのスキルを身につけ、組織のためにその能力を発揮しなければならないことになります。

先に「読み、書き、そろばん」のできない学生は採用したくない、という人事担当者の言葉がありましたが、これはカッツが言うテクニカル・スキルのことです。学校を卒業して、いきなり管理者や社長になる人はほとんどいないと思われますので、このテクニカル・スキルをある程度身につけていなければ第一線での仕事ができないわけです。もちろん、文章がきちんと読めること、読みやすく誤字脱字のない文章が書けること、簡単な計算が暗算できることなどは基本ですが、最近ではＩＴの進歩によって誰にでも高度な情報処理ができるようになりました。さらにコミュニケーションのツールとしてもパソコンは重要になっています。このようになってしまったために、それができなければ、読み、書き、そろばんができない人間として評価されてしまいます。

この読み、書き、そろばんがパソコンなのです。これまでは、鉛筆と消しゴム、計算機があれば仕事は何とかこなしていけたのですが、今日では単にパソコンが操作できるという程度のものではなく、パソコンを使って情報処理ができる数学的能力とか、ユニークなパンフレットが作成できるといった芸術的、創造的な能力まで要求されるようになりました。さらにコミュニケーションのツールとしてもパソコンは重要になっています。考えてみれば、これは当然なことです。今では小学校においてもインターネットを用いて情報収集をしたり、メールをしたり、絵を描いたり、語学の勉強をしているのですから。

少なくともこれからの学生は、先に述べた教養を高めるだけでなく、職業と直接的な関係をもつスキルもあわせて身に付けておく必要があるように思われます。しかし、大学や短大では知識を中心とした教養を高めることを主眼とし、スキルというものをあまり重要視してこなかったのです。ところが卒業後は、どうしてもテクニカル・スキルを求められることになります。そして、「何を学んできたか」はもちろん、「何ができるか」ということがはっきりと言えるように自分の能力を発展させておく必要があるように思います。近年では、授業内容も少しずつスキルを取り入れたものに変わってきていますが、それで十分というものにはなっていません。学生も社会人と同じように、自主的に自分のスキルを高めていく必要があるのです。こうしてはじめて、職業能力がついていると認められることになり、それによって自信がつくことになります。

また学生へのアドバイスとして、次のようなことを言うこともあります。

「勉強はできなくても、社会に出て、皆からかわいがられると、やりがいのある仕事をくれるよ。その仕事を全力でやりとげれば能力もつくし、信頼されるようになるよ」

「仕事は人間関係の中で行なわれるのであるから、若いときにかわいがられることはとてもよいことだよ。かわいがられるということは、変な意味ではなく信頼されるということだよ」

「あいつなら、少々の失敗はしてもよい、まかせられる、という人になってもらいたい」

人付き合いについては、学生を見ていると、非常に大きな個人差があると感じます。うまくできる学生と、下手な学生の差が激しいのです。ヒューマン・スキルとはよい人間関係を構築するということであり、相手の人格を尊重することをベースにしますから、エチケットやマナーに心がけることが最低限の基本です。ところが、これができていないこともあるのです。たとえば、研究室に入るときにはドアをノックするとか、朝「おはようございます」と挨拶するとか、廊下で会ったら会釈をするとか、みなさんはこのような簡単な行動ができていますか？

就職面接に行ったとき、日常的にしていない行動がとっさにできるはずはありません。だから、人事担当者から基本的なことが何もできていない、という発言が出てくるわけです。すると、学校では何を教育しているのだ！　という批判になるのですが、「朝会ったら、おはようございますと言いなさい」というような注意はなかなか言えないものなのです。幼稚園児になら言えます。しかし、二十歳前後にもなった者にそれを言う場合には、何かあったのかもしれないなどと先まわりして考えたりしてしまうのです。そこで、「まあ、いいか」ということになってしまいます。注意されないことは、認めてもらっているということではないことに注意しておいてください。

多くの人は、このような基本的なヒューマン・スキルは身に付けていると思います。これをベースにして、仕事の達成に向けた協力関係や、建設的批判ができるような人間関係を構築できるスキルにつなげていくのですが、このあたりのスキルになってくるとむずかしくなります。自分と相手の関係や特徴、それぞれの背景や立場、今、この場所という現状など多くのものを考え合わせながら自分の言動をコントロールする必要が出てくるからです。

もちろん専門的なトレーニングを受けることもできますが、日常生活でも訓練できます。それは意識することです。言いたいことを言う、やりたいことをする、というような自分中心的な人は、意識してそうではない言動をしてみればよいのです。逆に人にあわせてばかりの人は、どこかで一つだけ自分の考えを言ってみることから始めればよいでしょう。「今」という場に敏感になろうとするところから始めてみてください。

最後にコンセプチュアル・スキルです。これは、特に管理職に望まれるものなのですが、学生のうちに鍛えることができるスキルでもあります。体育会などの組織に所属していた学生に対して企業が好意的である理由の一つが、このコンセプチュアル・スキルを意識しているからです。コンセプチュアル・スキルを説明するには、「立場」という言葉がぴったりくるかもしれません。サークルの部長という「立場」、先輩という「立場」、学生という「立場」など、みなさんも自分の「立場」をもっていると思います。もちろん、役職はもっていないけれどもサークルのメンバーの一員というのも「立場」です。そしてコンセプチュアル・スキルを磨くためには、その「立場」にいる者として、何を考えなければならないのか、何をしなければならないのか、何をしたほうがいいのか、何をしてはならないのか、などと考えを巡らせるのです。そしてそれに従って行動してみるのです。それがコンセプチュアル・スキルを高める一つの方法になるでしょう。

# 第2節　現在の社会情勢とビジネス・パーソン

## 1　今はどういう経済社会か

まずは歴史的な観点と、これからを見通してのことを話してきました。なぜかというと、今ばかりに目を奪われてほしくないからです。もちろん現状が暗いため、今の話を最初にしてしまうと、みなさんが必要以上に暗い印象をもってしまうかもしれないと思ったためでもあります。過去を基礎に今がありますが、今は将来を変えていくのです。ここからはかなり厳しい話題が続きますが、だから自分はどうするのかという視点を忘れずに現状を眺めてみましょう。

バブル経済が崩壊し、もう十数年が経とうとしています。毎年、新年度を迎えると秋ごろには景気は立ち直るといわれ、秋になると来年の春には景気がよくなると言われながら、もう多くの年月を経てしまいました。また、バブル景気の最中に多くの企業が不動産投資を行ないましたが、それが不良債権化し、景気の低迷とともにその額は増すばかりのようです。金融庁が発表した、全国の銀行が抱える二〇〇三年三月末の不良債権の残高は43・2兆円であり、前年同期に比べ28・6％増であったということです。

そのためでもありますが、先に、りそな銀行が巨額な不良債権を処理できないまま破綻してしまいました。銀行は絶対につぶれない優良企業として、学生の就職先として最も人気のあった企業でしたが、時代の変化とともにこの神話は大きく崩れています。銀行も体力の弱いところは市場原理によって倒産し、社会の表舞台から姿を消しているのです。★4

　このような事情は銀行に限ったものではなく、大手建設業もバブル期の不動産投資が今になって大きなツケになり、ある企業は倒産し、またある企業は体力の強い企業に合併や吸収されてきています。日本を代表するような超一流企業においても、状況は似たようなものであるといってもよいでしょう。

　このようなことは、どのような経営状況をもたらしているのでしょうか。たとえば、わが国は世界の中でも電子機器製造業が進んだ国だといわれています。バブル景気崩壊後、およそ十年経った二〇〇二年三月期の大手電機5社の連結決算予想を見ますと、松下電器産業、富士通、NEC、東芝、ソニーのうち、本来の事業活動の成果である営業利益が出ているのはソニーだけであり、あとの4社は大きな赤字を出しています（表1－1）。特に業界のリード役であった松下電器は2270億円の巨額な赤字となっているのです。松下といえば、世界的にも有名な多国籍型の企業であり、日本的経営の代名詞のようにいわれてきた企業ですが、本来の企業活動でこれだけの赤字を出したということは、かつてなかったことです。

**表1－1　大手電機5社の2002年3月期連結決算予想**

| | 営業損益 | 当期純利益 |
|---|---|---|
| 松下電器産業 | ▲2270 | ▲4380 |
| 富士通 | ▲750 | ▲3800 |
| NEC | ▲570 | ▲3000 |
| 東芝 | ▲1350 | ▲2600 |
| ソニー | 1300 | 100 |

注：単位は億円　▲は赤字、業績修正後の数字

さらに、企業活動のすべての評価である当期純利益を見ますと、ソニーはかろうじて100億円の黒字になっていますが、松下は4380億円の赤字です。この表にはありませんが、日立製作所も同様な状況であり、二〇〇三年二月二十八日発表の三月期連結決算の当期純損益は4800億円になるとしています。

なぜこのような多額な赤字になるのかというと、いわゆるリストラにかかる費用が含まれているからです。もちろん、役員報酬30%カット、賞与ゼロ、課長職以上の年棒15%カットなどという人件費の削減措置をとった上でのことですが、従業員の早期退職募集にかかる退職金を計上しているからです。先に松下電器産業は日本的経営の代名詞だと言ったのは、日本的経営の特色の一つである終身雇用制をこれまで守ってきた会社だからです。その松下でさえ五千人の希望退職者を募ったのであり、その上、そこにグループ企業を含めて一万三千人が応募したというところに問題の深刻さがあります。このための退職金が1660億円であり、これが赤字額を押しあげる結果になっているということです。4800億の赤字であった日立製作所も同様であり、同社も全世界で雇用する従業員のうち約二万人（うち国内約一万五千人）をリストラすることにしているそうです。まさに、日本的経営の崩壊といってよいのかもしれません。

ここで取りあげたのは社会的に大きな問題をもたらす大企業、特にメーカーの話ですが、大企業の関連会社や協力会社である中小企業にいたっては、仕事量の減少や製品単価の引き下げ、あるいはそのような中から生じる同業他社との激しい競争などから、企業倒産があとを絶ちません。みなさんも新聞の経済欄で、今月の倒産件数は過去最も件数が多かったとか、負債が最大であったといった記事を目にしていたと思います。

これらの原因は何かということがよく問われますが、その大きな原因であり、引き金となったのは、バブル景気時の不動産や株式への投資と、その価値の下落による含み損によるものでした。しかし、これはメーカー本来の業務とは異なるものなのです。本来的にはメーカーは物作りですので、この点からみると、松下等の電子機器メーカーは、IT不況によるものと考えられますし、デパートなどの小売業は、不景気から来るデフレによる（労働者にとっては賃金ダウン、企業では売上高の低迷）販売高の低迷です。不良債権の問題が引き金となって、さまざまなところに影響が飛び火し、他業種やそして社会全体に影響しているということなのです。

二〇〇三年八月一日の朝日新聞では、「電機、回復テンポ鈍化—当期損益6社悪化、米市場の低迷響く」という見出しで、電機大手9社の本年四月～六月期連結決算が出揃い、日立製作所やソニーなど6社で当期損益が悪化、3社が赤字になったと報道していました。先の企業業績が一年以上経っても回復していないことを示していますが、その原因は、イラク戦争やSARSの影響、競争の激化による価格低下が響いていることなどが原因といわれています。

ただし自動車関連業界では、堅調な自動車輸出に支えられ、トヨタ自動車をはじめ多くの企業が大幅な黒字になっています。つまり、消費者に受け入れられる商品を開発すれば、企業はよい業績をあげられるということも明らかです。

みなさんの多くはいずれこのような企業に就職するわけですが、このような現実をどのように理解し、受け止めていきますか。

## 2　労働市場の状況

みなさんは、これからどのような進路を選択し、どのような人生を歩めばよいかについて期待と不安を感じていることと思います。もしかすると、「悪いときに就職活動になったなぁ」と思っているかもしれません。

前節では経済社会の実態を簡単にお話してきたわけですが、それがみなさんの多くが就職していく企業のおかれた状況なのです。他にも経済社会の深刻さを示すデータが多くあります。みなさんは卒業後、社会に巣立っていくわけですが、それは労働市場に出ていくこととほぼ同じ意味です。そこで次は、労働市場の状況を見ていきましょう。労働市場を見る一つの指標として、有効求人倍率や完全失業率がありますので、ここではそれを取りあげておくことにします。

有効求人倍率は、公共職業安定所に集まる企業からの求人数と、仕事を求めて来所する求職者数の比率のことをいいます。求職者は複数の公共職業安定所に申し込んでもよいことになっているため、重複が相当あります。そのため正確な数字は割り引いて考えなければなりませんが、それでも有効求人倍率を見ることによって労働市場の需給状況がわかります。

表1－2は愛知県のそれを表わしています。バブル経済が崩壊した平成になってからの十二年間分の推移を見ておきましょう。

まず、一九八九（平成元）年から一九九一（平成三）年までの三年間はバブル景気の最後の時期にあたり、年齢計有効求人倍率は2・18、2・35、2・24と2・0を上回っています。これは、一人に対して求人数が約2社以上あるということであり、いかに景気がよかったかを示しています。それが、バブル景気がはじけたといわれる一九九二年には一転して1・51まで急落します。それでもまだ一人あたり1・5社強の求人数があったわけですが、一九九三年にはとうとう0・84にな

**表1－2　労働市場の指標（パートを含む常用）**

| 労働指標 / 年度 | 有効求人倍率 | | | | | | 完全失業率 |
|---|---|---|---|---|---|---|---|
| | 15～24歳 | 25～34歳 | 35～44歳 | 45～54歳 | 55歳以上 | 年齢計 | |
| 89（元） | 3.33 | 3.12 | 4.29 | 2.30 | 0.44 | 2.18 | 2.2 |
| 90（2） | 3.75 | 3.10 | 4.65 | 2.58 | 0.51 | 2.35 | 2.2 |
| 91（3） | 3.37 | 2.84 | 4.46 | 2.73 | 0.50 | 2.24 | 2.0 |
| 92（4） | 2.21 | 1.92 | 3.10 | 1.71 | 0.32 | 1.51 | 2.2 |
| 93（5） | 1.23 | 1.14 | 1.75 | 0.84 | 0.16 | 0.84 | 2.7 |
| 94（6） | 1.11 | 1.04 | 1.63 | 0.68 | 0.13 | 0.72 | 3.0 |
| 95（7） | 0.97 | 0.90 | 1.33 | 0.53 | 0.11 | 0.61 | 3.2 |
| 96（8） | 1.43 | 1.22 | 2.04 | 0.74 | 0.13 | 0.85 | 3.4 |
| 97（9） | 1.52 | 1.18 | 2.05 | 0.78 | 0.14 | 0.87 | 3.5 |
| 98（10） | 1.06 | 0.79 | 1.34 | 0.48 | 0.11 | 0.60 | 4.3 |
| 99（11） | 1.05 | 0.75 | 1.25 | 0.44 | 0.11 | 0.58 | 4.6 |
| 00（12） | 1.58 | 1.04 | 1.66 | 0.59 | 0.15 | 0.80 | 4.7 |
| 01（13） | 1.46 | 0.88 | 1.37 | 0.53 | 0.17 | 0.73 | 5.3 |
| 02（14） | 1.55 | 0.82 | 1.29 | 0.57 | 0.26 | 0.77 | 5.4 |

注：各年とも10月の数値を示す
　　有効求人倍率は愛知県を、完全失業率は全国の季節調整値を示す

り1・0を割ってしまいました。これは求職者十人に対して八人強の求人があるということであり、逆にいえば、十人に二人ほどの人には就職先がないということになります。つまり失業者の増加です。このような状況は、これまで長い間なかったことです。なお、このデータはパートタイマーや季節労働者を含んでのことですから、正規従業員の求人数はさらに少なくなります。

その後一九九四年、九五年と連続して下降し、一九九六年と一九九七年には一時的に有効求人倍率は上昇しますが、一九九九年にはついに0・58まで落ち込んでしまうことになります。これは十人のうちおよそ六人しか仕事に就けないことを意味しています。また、有効求人倍率を年齢別に見ると、即戦力である三十五歳から四十四歳までの労働者に対する求人数が最も多く、四十五歳以降の中年齢者になると急に下がり、五十五歳以降の高年齢者に対する倍率はさらに低くなり、二〇〇一年十月現在では求人数があっても十人に二人弱程度になります。これは愛知県のデータですが、他県ではさらに厳しい雇用状況となっているところが多いのです。

学生の就職については、職業安定法により学校が職業紹介をしてもよいことになっています。そのため、学生のみなさんは学校の就職相談窓口や各地の学生職業センターに行けばよいので、公共職業安定所を訪れたことのある人は少ないでしょう。機会があれば、一度のぞいてみてもよいかもしれません。その窓口は連日、求職者や失業による雇用保険給付者といった多くの人で溢れています。今日、いかに就職が困難になっているかを肌で感じることができると思います。

また、労働市場の状況を表わす言葉として、「失業率」というものがあります。これは総務省統計局が調査しているものです。このことについても少し詳しくお話しておくことにします。

失業を表わす言葉には、完全失業者、非自発的失業、自発的失業という言葉があります。まず完全失業者ですが、月末の一週間に五時間未満しか就業せず、かつ就職活動を行なっている人のことです。この数字をみると、やはりバブル景気がはじけたころからしだいに上昇し今日では5%を超えています。その理由は言うまでもありませんが、リストラや企業倒産によるものです。リストラはrestructureの訳語かつ略語であり、本来的には事業の再構築を意味しています。市場や顧客のニーズの変化に対応し、これまでの経営方針や経営戦略を変えていくことですから、現在ある経営資源を新規事業分野に配分したり、必要な資源を外部から調達し新規事業分野に投資していくことになります。当然、経営資源の内、最も大事な従業員能力も再教育訓練を行なって再配置することになるわけですが、多くの場合はそのような本来的なリストラではなく、「首切り」となっているのです。

リストラの対象となっている人たちの多くは、中・高年齢者です。それは家計の大黒柱の人たちです。リストラによって失業した場合、当面は雇用保険によって生活できるとはいえ、その給付期間は現行制度では長くても三三〇日です（これは、四十五歳から六十歳未満で二十年以上雇用保険をかけ、解雇等の特定受給資格者となる理由で会社を辞めた場合です）。この間に新しい就職口を見つけなければ生活ができなくなります。このような人たちが、二〇〇三年七月の調査によると、5・6%、五六〇万人に達したといわれています（五六〇万人は、北海道や兵庫県の人口と同程度です）。なお、中高年齢者では特に厳しく、有効求人倍率は四十五歳～五十四歳までの中年者で0・3程度、五十五歳以上の高年齢者では0・2前後です。さらに求人の多くは、契約社員やパートタイマーなどであるため、安定した職業生活を望むことはかなり困難になってしまいます。

これらは中高年齢者の場合ですが、失業率で言うと、じつはみなさんと同じような若年労働者の場合が最も高くなっているのです。先に出てきた非自発的失業は、働きたいと思っていても労働需要量から働くことができない場合のことをいいます。中高年齢者のほとんどはこの非自発的失業者に含まれるものです。しかし若者に多いといわれているのは、自発的失業者です。これは、現在の雇用慣行や条件を受け入れることをせず、失業してしまう者のことを意味します。現代の若者の多くは、働ける能力や体力があり、また仕事があるにもかかわらず働こうとしないという自発的失業者なのです。人間は何らかの労働をしてその対価として賃金を得るか、あるいは自ら事業を起こしその利益で自らの生活費をまかなわなければ生きていくことはできませんが、あえて失業という形態を選ぶ人が多くなっているということです。自ら働き、自ら生活するということが、人間にとって最も基本的で大事な「生き方」だと思うのですが…。

それはさておき、ここでは現在失業者がたいへん多く、その中でも二十四歳までの若年労働者が最も多いということ、そしてその背景は、働く意欲をもたなかったり、誰かに頼る（多くの場合は親ですが）生活を選択す

る人が多くなり、それが失業率を押しあげる要因の一つになっているということを述べておきます。

二〇〇〇年には大学生の就職率が過去最低になりましたし、短大生においてはきわめて深刻な数字でした。回復の兆しがあるという報道もありますが、二年後、三年後を予測することはむずかしいと言わざるをえないのです。

## 3 フリーターの増加

以上のような社会的状況の中で、さらに大きな変化が生じてきています。それはフリーターの増加です。平成十二年度版労働白書では、フリーターを「十五～三十四歳で、（1）現在就業している者については、勤め先の呼称が『アルバイト』又は『パート』である雇用者で、男性については継続就業年数が一～五年未満の者、女性については未婚で仕事を主にしている者、及び（2）現在、就業していない者については家事も通学もしておらず『アルバイト・パート』の仕事を希望する者」と定義しています。

簡単に言えば、若年者でアルバイトやパートタイマーをしながら定職に就かず転々と職を変え生活をしている者をいいます。その多くは、大学、短大卒業者、専門学校生あるいは高校卒業者で正規従業員として就職しなかった者から構成されていると考えられます。仕事の内容は、コンビニエンス・ストアや居酒屋の店員などの単純作業や縁辺労働がほとんどです。

その数は、総務庁統計局の「就業構造基本調査」によると、一九八二年には五一万人（男二一万人、女三一万人）であったものがしだいに増加し、一〇年後の一九九二年には一〇一万人（男四八万人、女五三万人）になりました。そして五年後の一九九七年には急激に増加し一五一万人（男六一万人、女九〇万人）にもなっています。また女性が男性よりも多いということも特徴です。

フリーターが急増している理由はさまざまにあると思いますが、その背景には、①バブル景気後、急速に景気が悪化し、企業は新卒者の採用を手控えることが多くなってきたこと、②人件費の抑制のため、流動的雇用形態の従業員を採用する傾向が出てきたこと、③社会がデフレ基調になってきたことに対応し、コスト圧縮のために人件費の抑制が進んだこと、④サービス経済化が進行し、アルバイトやパートタイマーを必要とする業種が多くなってきたこと、⑤特に③に関係して勤務時間が二十四時間に広がり、就業形態に多様さが生まれたこと、などの原因があるものと考えられます。

これらはフリーターやパートタイマーの受け皿となる労働の需要側、つまり企業側の要因ですが、まとめて言えば、不景気で物が売れなくなり、そのため競争が激しくなりコストを下げるために人件費を削減し、経営の負荷を軽減するための措置です。もちろんリストラもその一環であることに変わりはありません。また、企業の変革や技術スピードが速く、それに追いついていく人材を企業が絞って採用し始めて

いるということもその理由として考えられます。企業は、これからの正規の人材は少数でよいと判断しているのです。愛知県経営者協会の調査★5によると、「今後の従業員の増減では、正社員は減らす傾向が多く、パートタイマー、臨時社員、派遣社員、外部委託は増やす傾向にある」ことが示されています。

さらに、④と⑤についてですが、これはみなさんもアルバイトでよく知っているようにコンビニエンス・ストアやファミリー・レストラン、居酒屋などいわゆる外食産業が発展してきたことなどがあげられます。いわゆるサービス経済化の進展です。

これらの業種では、サービスが売り物ですから、深夜までの勤務や二十四時間勤務で従業員を回転しています。また、多くの自動車会社では生産能率の向上や早期の設備投資償却のため二交代や三交代制で生産活動をしていますので、従業員食堂ではそれに対応するような食事を提供することになります。このような業種においては、どうしても朝の九時から夕方の五時までといったような勤務形態はとれません。加えて重要な点ですが、このような仕事は専門化した職種ではなく、マニュアルによって標準化された単純な仕事ですから、パートタイマーやフリーター、あるいは学生アルバイトでも十分できるのです。経験者も多いと思いますが、ファーストフードやファミリー・レストランでは、料理は素材から作るのではなく、すでにできあがっているものを電子レンジやオーブンで温める、盛り付ける、運ぶ、といったようなごく単純な動作ですむわけです。

このような理由から、企業はアルバイトやフリーターを必要としているので、まったく仕事の経験のない人でも誰でもできるようになっています。したがって、このような仕事は教育訓練などの能力開発をほとんど必要としません。そこでの必要な職務能力といえば、顧客に対してきちんとした（マニュアル化された）礼儀作法やエチケット、マナーで対応できること、お客の注文をきちんとコンピュータに入力し配膳すること、そしてレジでまちがいなく勘定をすることといった程度のものです。このような能力レベルをもつ求職者がいる限り、労働の代替は比較的容易に行なわれ、結果的に賃金は安くてすむことになり、フリーターを必要とする労働の受け皿になるわけです。

労働の供給側としての理由もちょうどこれに呼応するかのようです。表1－3では18の調査項目のうち、上位10個を取りあげておきました。労働の需要側にとっては、勤務時間に自由がきくフリーターはよい従業員であるわけですし、労働の供給側にとっても、「自由に働きたい」、「仕事と別のことを両立させたい」、「当分の間、定職には就きたくない」、「賃金は安くてもよい」、「責任ある仕事には就きたくない」などと考えている人には、このようなフリーターがいちばん適した就業形態になっているわけです。まさに労働の需要側と供給側の考え方が一致しているのです。

しかし、すでに述べてきたように、フリーターでは高度

表1－3　フリーターになった動機・理由

| 項　　目 | (%) |
|---|---|
| アルバイトのほうが働く時間を自由に決められるから | 47.1 |
| 自分に合う仕事を見つけたいので、それまではアルバイト | 37.7 |
| 仕事以外にしたいことがあり、両立しやすい働き方である | 32.5 |
| 定職だと会社に拘束されることが多くあるから | 31.2 |
| 将来の夢、希望を実現するため | 24.0 |
| アルバイトのほうがいろいろな仕事や人間関係を経験できる | 22.4 |
| 自分をまだ一定の枠にはめたくないから | 21.8 |
| 定職に就かなくても生活できるから | 16.9 |
| 正社員として採用されなかったから | 13.6 |
| 将来的に独立したプロとして活動したいため | 12.0 |

注：複数回答可　無回答を除く

な職業能力はなかなか身につきません。つくとしたら、顧客との対応に必要なマニュアル化された接客能力ぐらいかもしれません。フリーターは将来の目的達成のための手段に過ぎないといっても、目的達成の先送りでしかないこともあります。さらに将来は現在ではありませんから、それだけ目的達成へのリスクや不確実性が増していることにもなるのです。

## 第３節　自分の価値を高める

### １　「考え方」を磨く

前節では、厳しい現実の話をしてきました。その現実をいくら嘆いてみたところで、何もはじまりませんし、何も変わりません。しかし、学生の状況を見ているとちょっと興味深い現象を見つけることができます。景気が良いときでも、なかなか内定をとれない者がいますが、現在のように悪いときでも、複数の企業から内定を得る者もいます。つまり、自分を磨き、社会や企業から見た場合の自分の価値を高めることができれば、経済環境に左右されにくい存在になれるということだけは確かなようです。

そのために、学生生活でどのように学び、過ごしていけばよいのでしょうか。学生生活の側面には、学ぶこと、クラブ活動などの課外活動、アルバイトなどさまざまなものがありますが、ここでは紙面の関係から焦点を絞ってお話しようと思います。「学校での学び方」と「インターンシップ」、「アルバイト」との関係を中心に述べていきます。

まず、学校で学ぶということはどういうことでしょうか。そこで、高校時代を思い返し、どのような学び方をしたのかを振り返ってみることにしましょう。

高校では知識を習得することを中心に、ほとんどの場合が教室で先生による一斉指導を受けて勉強してきたのではないでしょうか。そういう意味では講義法をとっており、これは大学などでの指導方法とまったく同じなのですが、高校では検定教科書があるため、ある種の規制の中で学んできたということができます。検定教科書というのは、国民がある時点でその程度のことは知っておかなければならないことを国が決め、それを書物にしたものですから、標準化された知識といってもよいものです。

それを先生は指導要領に従って教えていくわけですから、高校までは学校によってレベル差はあるとはいえ、その学習過程は規格化された知識の付与プロセスだといってもよいと思います。しかし、このような知識伝達型の方法は生徒の主体的な学習を阻害するという気運が高まり、平成元年には専門高校において「課題研究」が導入されました。これは生徒が最も関心のあるテーマを主体的に選び、それを自ら学び達成していくというものです。教師は、その達成過程を援助しアドバイスを行ないながら、生徒の目的達成を支援していくことになります。

たとえば商業高校ですと、日商簿記検定の二級を一年かけて取得するとか、あるいは情報処理技術試験のシステム・アドミニストレータに合格することなどがあります。このような主体的な学習方法を大学などでも採用するべきなのですが、演習やゼミを除けば、講義形式の学習方法が今でも主流なのです。多くの高校を訪問し調査した経験からいえば、課題研究がマンネリ化している学校も少なくないように思われましたが、工夫しだいでそれなりに学ぶことが楽しくなるように見受けられました。

つまり、これからの学習は与えられたものを覚えるのではなく、自ら学んでいくということがポイントなのです。そこには問題の発見や、解決方法を探すこと、解決に向けた実践をすること、結果を評価することなど、基本的で今後に応用できる重要なポイントがたくさん含まれているのです。これは仕事をこなしていくために必要な態度・スキルですし、本章の第1節でも触れたように、これからのビジネス・パーソンに必要なものです。

このような態度を身につけるためには、まずは「答え（正答）は一つである」とか「答え（正答）を覚えることが大切」という思い込みを捨てることが必要でしょう。勉強＝答え探し、というように考えている学生が多いように感じるのです。

社会科学や人文科学においては、十人の研究者がいれば十の考え方があるといってもよいでしょう。テレビで、経済関係の研究者や専門家が、これからの経済社会について議論しているような場面を見ることがあるでしょう。しかし、ほとんどの場合一致した結論にはなりません。これは、それぞれの考え方が違えば、出てくる答えも違ってくることを示しています。理工系の分野では、研究する目標は同じであっても、それを解決する方法はさまざまな側面から探索されます。つまり、答えや考え方は一つではないのです。そして、問題とすべきことは「結果としての答え」ではなく、それを「導き出す考え方」

だということがわかると思います。

このように、研究者がそれぞれの理論をもっているわけですから、その理論をそのまま受け止めていては、学生として学ぶということの意味が問われるような気がしてなりません。与えられた理論や考え方を受け止めるだけでは、何ら進歩がないわけです。そのため学生に次のようなことを言ったりします。

「特に社会科学や人文科学では、考え方が多様である。だから、ある先生が言ったことはその先生の考え方か、あるいは先生が学んだ別の人の考え方かもしれない。そのことをよく踏まえて勉強しないと、君自身の存在理由を失うことになるよ」

これからを見据えて学ぶ、ということは、多くの考え方を吸収し、そこから自らの考え方を築いていくということです。そのためには、教師が伝えることを「受け入れ」たり「覚える」ことにとどまっ

ていては意味がないということなのです。さらに、積極的に自分の「考え方」を表明し、仲間や教師から評価をしてもらうことが重要になります。これは独りよがりな「考え方」にならないために必要不可欠なものです。

このような学ぶことの基礎をつくることができれば、その基礎はこれからのみなさんをしっかりと支えてくれるものになると思います。仕事をする上ではもちろんですが、生活のさまざまな側面で役に立つでしょう。

## 2 インターンシップへの参加

学生はしっかりした自分の考え方をもたなければならない、そしてその習得時期が今であるということを言ってきました。それでは、どのようにしたらよいのでしょうか。その最も可能性の大きいものは啓発的な学習機会を経験することだと考えます。先に、専門高校において課題研究が導入されたことを紹介しました。その科目を通して、生徒はその達成過程において自らの将来の関心や職業、つまり生き方についても学んでいるのです。

教員養成系では教育実習、医学部や歯学部においてはインターンシップによって、それまでに学んだことを実践面から指導を受け、理論と実践を結びつけます。医師として歯科医師として、あるいは教師としての体験をもつことによって、能力と自信を得ることになります。いわば理論とスキルを一体化する経験なのです。ところが、他の専攻ではそのような経験があまりありません。一部の演習やゼミ程度でしょうか。

この理論とスキルが一体化した能力が、職業に近づけば職業能力になり、労働市場において価値が与えられるわけです。どちらかだけでは、職業能力はつきませんし、独創的な能力は育ちません。独創的な能力とは、少なくとも事例を積み重ねて、失敗してもその中から理論を見つけ出す、という経験を経て育まれるものと思われます。わが国の教育では、このような学習方法が長い間看過されてきたように考えます。ドイツにはデュアル・システム（教育の二元制度）というものがあります。昼間は仕事に就き夜は学校で勉強をしたり、あるいは週の何日かは学校で、残りは企業で仕事をするという方法であり、これによって有名なマイスター制度を築きあげてきました。わが国もやっとこのような学習方法の重要性に気が付いてきたようで、徐々にではありますが、新しい試みが始められています。

理論とスキルの一体化を目指した試みの一つにインターンシップがあります。この学習方法は「学生（生徒）が学習の一環として、学校での学業を一時的に離れて社会で就業体験を行ない、自己のキャリア形成に役立たせる学習方法」（厚生労働省）として位置づけられるものです。わが国では平成九年ごろより大学で注目されはじめた就業体験学習ですが、ある調査によると平成十一年度以降65％の大学が何らかの方法でインターンシップを導入しており、その導入目的は「学生の意識を高めるため」「教育効果を高めるため」であり「学生のキャリア開発の支援」である場合がほとんどのようです。インターンシップは、社会から学ぶことができる新しい学習方法として期待されています。

厚生労働省の学生職業センターには、「インターンシップ推進のご案内」というパンフレットがあります。これには、原則として大学二、三年生、短期大学・専修学校の一年生を対象とした、春休みと夏休み中の五日間という例が記載されています。その内容を掲げておきましょう（表1－4）。

さらに「インターンシップは学業の一環であることから、就職・採用活動とは無関係に行なわれるべきものです。企業のみなさんのご理解、ご協力をお願いいたします。また、アルバイトの代替となるものではありません」とも書かれています。このように、企業には労働力ではなく、また、学生にはアルバイトではないことを明言してあります。つまり、学業のための作業であり労働なのです。

このようなプログラムにそって、学生が企業に出向きインターンシップが始まるのですが、学業の一環であるということから、学生たちの経験する内容は、ちょっとした調査やその整理、コンピュータへのデータ入力、顧客への対応などが中心的な仕事であるようです。終了後には、「スーツを着て、朝八時に出勤するのがとてもつらかった」という感想をもつ者もいます（A県学生職業センター担当者談）。この言葉からだけでも、学校での勉強と社会での仕事の相違を、十分とは言えないかもしれませんが、実体験ができているといえるのではないでしょうか。さらに、このイ

表1－4　標準的な日程例

| | |
|---|---|
| 1日目 | ○事前講習<br>実習の心構え、マナー、受入企業・産業の説明、職業適性検査など（センター等で実施） |
| 2日目 | ○就業体験実習<br>受入企業によるオリエンテーション、基本的指導 |
| 3日目<br>4日目 | ○就業体験実習<br>企業における実習 |
| 5日目 | ○事後講習<br>実習のまとめ、レポートの作成、発表、受入企業の担当者との意見交換など（センター等で実施） |

ンターンシップに参加した学生たちの間では、別の調査によれば「実社会の一部に触れ、貴重な社会体験になった」という意見が80%を占め、「自分を見直すよい機会になった」「自分の意識が変わった」「自分の考えが甘かった」といった感想もみられるようですから、学校では得られない貴重な体験を得たと評価していると理解してよいと考えます。

インターンシップは、学校と社会を関係させて学生のキャリア形成を支援する試みですから、自分の学校がインターンシップを導入している場合は、ぜひとも参加してもらいたいと思います。あえて言うまでもないと思いますが、インターンシップで重要なのは、それに参加すること、経験することではありません。学校で学んできたことを現実の中で体験することであり、その学習をその後どのように活用するのかということです。第1節で教養について触れましたが、それを思い出してみてください。実践や経験から、どのように次のステップを踏み出せばよいのかのヒントになると思います。

しかし、インターンシップに対しては、企業側が問題を感じていることも確かです。元来、企業は利益を求める組織であるわけですから、社会的な常識のない学生を受け入れると足手まといになりますし、仕事に支障をきたしてしまうことにもなります。そのようなことを反映してか、企業がインタ

ーンシップに関してあげる問題点は「業務多忙のため実習生の十分な対応ができない」「受入担当者の負担が大きすぎる」「自社にプログラム作成のノウハウがない」などがあるようです。他方、「生徒・学生に懸念すること」として「積極性がない」「服装・髪型が乱れている」「挨拶ができない」「電話の応対ができない」など、学生の社会的なエチケット、マナーの欠如も指摘されています。★6

このようなことを事前に防止するため、事前指導として、何度も講習を開き、企業で働くことの意味、エチケット・マナー、挨拶の仕方などを指導し、出席した学生だけをインターンシップに出している学校も多くあります。そうしないと、企業側が不快感をもつということです。インターンシップを考えている人も、そうでない人も、このことは、しっかりと認識しておいてください。

## 3　アルバイトを通して学ぶ

インターンシップについて、学生が職業経験や社会経験を積む新しい学習方法として紹介しました。これは、最近でこそメリットが大きく取りあげられていますが、本当にそのようなメリットがあるのでしょうか。通常は二週間程度となりますが、その短いインターン期間で本来の職業的体験を積むということはどこまで実現できているのでしょうか。先にとりあげたような効果は、社会人になれば短期間で身につくものばかりなのです。

たまに経験することですが、在学中は勉強もしないし服装もルーズであった学生が、卒業後、営業を兼ね挨拶がてらスーツ姿で来校することがあります。もっとも営業活動で知り合いのところにいくというのは、容易さを優先させているようであまり感心しませんが、卒業後あまり日数もたたないのに、あっという間に変わり、その変貌ぶりに驚かされます。そして同時に、どうして学校はこうも教育力がないのだろうと、思ってしまうのです。これが「社会の教育力」というものでしょうか。

この教育力をインターンシップに求めているからこそ、それが注目されているのですが、同時に、ある程度の職業的体験を積むことも本質的に重要な目的であるように考えます。ところが、参加人数が限られてしまうことや短い期間であること、企業側も多忙であることなどの理由により、インターンシップの目的がなかなか達成できないというのも事実です。

そこで、ここではアルバイトの効用を見直してみようと思います。まず、アルバイトとインターンシップとはどのように異なるのかを一覧表にしてみました（表1－5）。

この表からわかる通り、インターンシップとアルバイトとはいくつもの点で異なっています。まず期間に着目してみます。インターンシップは、学校で学んでいる学生が社会経験をすることによって、書物から、あるいは先生から受動的に学んだことを検証することができるという意味で評価されるものです。しかし表にあるように、わずか五日間とか長くても二週間程度の就労、実習では、まとまった仕事ができることはなく、できてもパソコンでデータ入力をしたり、受付をしたり、書類の整理をしたりとかにとどまってしまうのではないかと危惧されます。もちろん、やらないよりはましですが、現実的な仕事経験とは程遠いレベルで終わってしまう場合が多いようです。

その点、アルバイトはどうでしょうか。以下は三宅の調査によるものですが、現在の学生はほとんどが何らかのアルバイトをしており、その就労時間は一日あたり五時間前後であり、しかもそれが恒常化しています。この点で、インターンシップとは決定的な違いがあります。さらに、アルバイトをした後での感想で、お金が得られたということのほか、「お金を得ることは苦しいことだ」とか「同僚どうしの人間関係を学んだ」、「エチケットやマナーを学んだ」というように、長期的な就労の中でしか経験できないような感想

表1－5　インターンシップとアルバイトとの比較

| | インターンシップ | アルバイト |
|---|---|---|
| 目的（動機） | 勉強の一部として社会体験をする。単位取得が可能な場合もある。 | 主としてお金を得るため。 |
| 期間 | 2週間程度（厚生労働省の例では5日間）。 | 定期的に就労するなど恒常化している。 |
| 時期 | 春休みや夏休み中が多い。 | 1年中行われている。 |
| 労働の対価 | ほとんどの場合がない。 | ある。時間給で支払われる場合が多い。 |
| 就労の評価 | 学校に対して報告がある。 | 人事考課があり賃金や資格と連動する。 |
| 会社との関係 | 実習生（雇用関係がない） | 労働者（雇用関係） |
| 管理者との関係 | 指導者 対 学生 | 職場管理者 対 部下 |
| 仕事の内容 | 単純作業や補助的業務。 | 単純作業や補助的作業が多いが、責任ある仕事、店長などの管理的業務などの場合もある。 |
| 労働時間 | ほとんどが昼間。 | 昼夜を問わない。 |
| 進路 | 就職活動ではない。 | 就職活動のため就労することも可。 |
| 適用法律 | 労働基準法が適用されない。 | 長期化すると、労働基準法が適用される。 |
| 受入先企業の選択 | 学校を通じての企業選択。 | 一般労働者と同様に、企業の採用募集PRによる。 |
| 勉学からみた問題点 | 短時間であるため効果には疑問もある。 | 仕事を覚えられるが、勉学に支障が出ることも多い。 |
| 企業からみた問題点 | 社会的責任から受け入れる場合が多いが、負担は大きい。 | 仕事のために採用しているため、仕事の能力が問題になる。 |

が多く出てきました。そして、「業界がわかった」「適性が発見できた」「社会参加ができた」などの職業関連的な感想もよく聞かれます。

さらに、アルバイト経験を通しての事業所への要望は、「賃金をあげてほしい」「働きに応じた賃金の決定」「職場環境の整備」「休みを取りやすくしてほしい」というようなものがあります。これは、一般のビジネス・パーソンが感じているものと同じではないでしょうか。つまり、インターンシップでは学生として働きますが、アルバイトでは学生ではなくビジネス・パーソンとして企業の中で働いている、学生職業人となっているといっても過言ではありません。アルバイトの感想や事業所への要望からは、インターンシップではとても味わえないような経験をしていると考えられます。アルバイトを通して、在学中に実力社会への準備をしていると考えても、あながち的を外しているとは言えないでしょう。

アルバイトは学業と両立できる範囲で行なうと、とてもよい経験ができるというのが調査結果から得られた実感です。もちろん今のような時代であると、親がリストラにあったとか、賃金カットで生活が苦しいから、というような理由から、アルバイトをしなければ学業を続けられない場合もあります。このような点からもアルバイトの効用と、注意点をきちんと認識し、その上でアルバイトを行なうというのがよいように思われます。

やはり、いちばん注意しておきたいのが目的や動機です。現実問題として、学校に行かずに、ひたすらアルバイトに精を出している学生の姿があります。それは遊ぶお金が必要だからとか、車を買うためであったりするのですが、これでは教師から、また家族から反対されるのも納得できます。やりすぎると学生の本分から逸脱し、将来のために学んでいるという人生の長期的目的がぼやけてしまい、結局はアルバイトによって将来を見失ってしまうことになりかねません。

学生のアルバイトは販売職や調理・加工職、接客・サービス職が多いのですが、この中でも代表的なものとして居酒屋やコンビニエンス・ストアがあると思います。居酒屋では、特に客への対応、つまり礼儀作法などが大事であり、従業員教育で厳しく指導しているので、よい社会勉強になるしょう（ファーストフードなどもそのよい例です）。しかし居酒屋ではアルコールが入ります。また夜も遅くなり（朝早くなるといってもよいかもしれませんが）、確かに学生アルバイトとして誰にでもお勧めできるものではありません。居酒屋で接客態度を身に付けたものの、午後になって登校し「おはようございます。今、出勤しました」ときちんと挨拶されてもどうしようもありません。

またコンビニエンス・ストアでアルバイトをしている人も多いでしょう。しかし、レジでただ漠然と働いただけでは、レジの打ち方はうまくなっても肝心の職業的知識は何も得ることはできません。レジで働くなら、さまざまなお客さんがきますので、その客がどのような人であり、どのような時間帯に何をよく買っていくかを注意深く観察していれば、それはまさにマーケティング・リサーチを居ながらにして学ぶことになります。このような市場に関するデータは企業では最も重要な企業秘密なのですが、それをアルバイトを通して学ぶことができるのです。

居酒屋でもコンビニエンス・ストアでも、常に問題意識をもって仕事をすることにより、大学の講義では得られない勉強ができます。さらに踏み込むならば、一日の出来事を記録しておくということでしょうか。うまく利用できれば、自分の貴重な経験になっていきます。このようなアルバイトになってはじめて、アルバイトをしてよかった、ということになります。

一つ興味深い例をあげておきましょう。先日、ある学生から聞いたことですが、彼は高校のときからファーストフードの店でアルバイトをし、そこで二年間働いているそうです。そして今、彼は店長代理です。彼の仕事は、店の鍵を預かり最後の施錠をすることはもちろんのこと、アルバイトの教育訓練やレジの指導、また女性店員のメイクの指導など、まさに正規の従業員と同じ仕事をしているわけです。責任感も旺盛です。このような長期にわたる職業経験は、学生アルバイトならではの良い職場体験学習となっているといえるでしょう。

最後に、有意義なアルバイトの仕方についてまとめておくことにしましょう。

- ●最も大事なことは、アルバイトを職業的経験としてとらえ、「考えながら仕事」をすること。
- ●仕事に貴賎はないが、何が学習できるかを意識して仕事を選ぶこと。
- ●就業時間と場所を選ぶこと。
- ●アルバイトによって翌日の授業や学習が影響を受けないこと。

これらのことを実行すれば、冒頭のAさんのような悩みを抱えなくてもすむかもしれません。Aさんも、自分のもっている力と、求められている力について考え、自主的に行動を開始してほしいと思います。そうすれば、きっと充実した生活を送ることができ、同時に就職活動も成功に近づけるのではないでしょうか。

## Aさんへのアドバイス　――章のまとめにかえて――

厳しい現実に直面されていますね。

あまり慰めにはならないでしょうが、Aさんのような悩みを抱えている人はたくさんいますよ。頭を抱えていても何もはじまりませんし、何も変わりません。前向きにやっていきましょう。

さて、Aさんは自分が就職活動で努力していると思っていますよね。何を努力してやっているのですか？

もう一度、冷静になって考えてみてください。Aさんにとっては就職活動ですが、採用する企業からみれば、それは採用活動なのです。もしAさんが企業の採用担当であったとしたら、応募者の中からどのような人を選びますか。そう考えてみれば、努力賞がないことも、どうしてダメだったかを教えてくれないことも理解できますよね。

一生懸命にモノを作っていても、なかなか買い手がつかないことはよくあります。ひたすら自己満足的にモノを作っても、ニーズに合わなければ買い手がつかないのです。逆にニーズに合っていれば、現在のような不況の中でも飛ぶように売れるということも事実なのです。人とモノは違いますが、状況は似ています。採用側のニーズに合っていなければ、採用されるのはやはりむずかしいと言わざるをえません。

もう一度考えてみてください。Aさんが努力していることは、このようなことを意識したうえでのことなのでしょうか?

この章では、何を意識することが必要なのかということを紹介してきました。すでに就職活動に入っているAさんには、あまり時間がないと思いますが、生活の中で気をつけていればだんだんと身に付いてくると思います。しかしどんなに力があっても、自分の力を他の人に伝える力がないと、それはうずもれた力になります。そこで、能力をもっているということをうまく伝えられるようにもなってほしいと思います。採用の際、最も重要視する能力はコミュニケーション力であるという調査報告はとても多いのです。

前向きに、努力を続けていってください。

たなかで――すっ!
あづちで――す!
就活してま――す!
ネット検索
情報収集
エントリーシート
しき
ほー
ヒマだな―
ワイドショーで情報収集。
就活してま――すっ!
うえっけっ
かなり早く面接会場に着き
余裕をぶっこいていたが
ぽー
面接10分前に
ひー―っ
ストッキングが電線している事が発覚し
河合さ――ん もうすぐ順番です
ひー―っ
現金200円しかないことが発覚し
今日の交通費です
てしっ
が
5分前にコンビニに買いに行った私。
そして合格った…
世の中そんなもんだ

# 第2章　人生を眺める

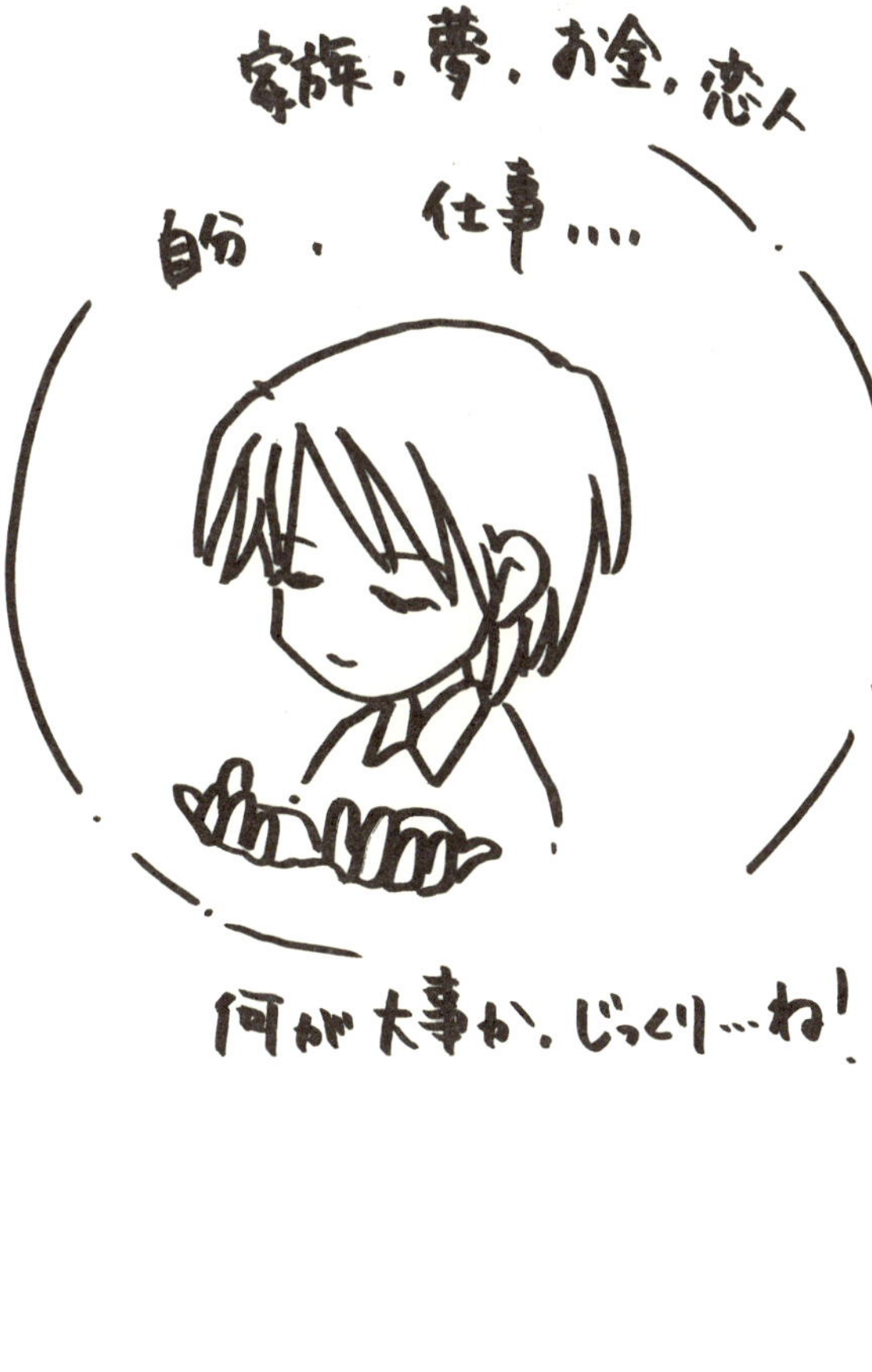
家族、夢、お金、恋人
自分、仕事……
何が大事か、じっくり…ね！

## Bさんのケース

やっぱり…

X社のセミナーに参加したBさんは、目の前にあるエントリーシートに自己PR欄があるのを見てため息をついた。

Bさんは自分をフツウだと思っている。X社のセミナーに参加したのも、X社は大企業でもないし、零細企業でもないフツウの会社だと思ったからである。

普通科高校を卒業して、みんなと同じように大学を受験し、好きだった英語を専攻した。フツウの進路選択をしたと思っている。成績は、ずっとフツウだった。学年でトップになったことはないけれども、ビリもなかった。性格も容姿も人より際立った特技もなければ、人より大きく劣るという部分もない。ただフツウの人生を歩んできたつもりだった。そしてこれからもフツウに働いて、フツウの人生を歩むのだろうなあと漠然と考えている。

そんなフツウの私に、何をPRしろというの？　だいたい、このセミナーに参加している人たちもPRできるほどの特徴をもっているの？

Bさんは八つ当たり気味ではあったが、とりあえず在学中に旅行したオーストラリアの思い出を書き始めた。

**就職活動を始めると、いたるところで「自己理解」という言葉に出会うことになります。自分に合っ**

た就職先を見つけるには、確かに自己理解をしておくほうがよさそうです。しかし自己理解は、効果的な自己PRをするためや、面接の時のために行なうものではありません。自分の人生の設計図を描くために行なうものなのです。仕事は人生の設計図の中の一つの要素なので、仕事を設計図の中に入れるかどうか、入れるのならばどのように配置したいものなのか、などといったことを考える必要があります。

この自己理解は、他者との比較から生まれてくるものではありません。だから、フツウなんて基準はありません。でも、そうなると何から考えてよいのかわからなくなります。

この章では、人生を設計し、そこにどのように仕事を組み込んでいくかを考えるための自己理解について、いくつかのポイントにしぼって話を進めていきます。

ああ私にも、
「普通」って免許がほしい……
フツウって何…
どーせオトナよっ
リスキーな

# 第1節　広い視野でこれからを考える

## 1　働く意味を考え出す

就職活動における自己理解の究極の目的は、「働くことは私の人生の中でどのような意味をもっているのか、意味をもたせたいと考えているのか」という問いに対する自分なりの答えを考え出すことです。武田鉄矢が所属している海援隊の曲に「母に捧げるバラード」（作詞　武田鉄矢）があります。そのなかに、次のような母の言葉が出てきます。

鉄矢　一つだけ言うとくがなあ
人さまの世の中でたら　働け　働け　働け　鉄矢
働いて　働いて　働きぬいて
休みたいとか　遊びたいとか　そんな事おまえいっぺんでも思うてみろ
そん時は　そん時は　死ね
それが人間ぞ　それが男ぞ

ここには働く理由を考える余地などありません。「生きること＝働くこと」なのです。この日本でも、数十年前までは生きることと働くことは、まさに一体のものだったのです。このことがわかりにくければ、テレビなどで放送されることがある、近代化が進んでいない世界各地の生活を思い出してみればよいでしょう。猟をしたり作物をつくったりすること、つまり働くことは、生きることと切り離すことができるものではなく、一体となっていることがわかると思います。

しかし現在の日本はというと、「生きること＝働くこと」という感覚が少なくなっています。爽風会佐々木病院の斎藤は次のように指摘します★7。

「今の四十歳より下の世代は、『働くことの自明性』『人は働いて税金を納めなければならないという自明性』が完全に抜けちゃっている」「建て前では、働くことはあたり前というのはよくわかる。働かなければ社会から認知されないし、自己評価も高まらない。でも『なんで働くの？』という声が一方ではささやいている」

これまでは、働くことはあたり前だと考えられてきたけれども、最近では働くことに理由が必要になっていると指摘するの

です。それがないと仕事に動機づけられないというのです。

みなさんの中にも、働くことはあたり前だと思うけれども、なんで働くのかという疑問も同時に感じている人は多いのではないでしょうか。誰かが納得できる働く理由を教えてくれたら、働くことにもっと前向きになれるだろうと感じている人もいるでしょう。しかし自明性がうすれているということは、自分で答えを探さなければならないということです。

生き方や働き方は一つではありません。もし一つのパターンしかなければ悩まなくてもすむのですが、それらは多様にあるのです。そして、どのような生き方、働き方に対する考え方をもち、選択していくのかは、みなさん自身が判断することなのです。そのために、自分自身はもちろん、家族といった身近な小さな集団から日本や世界といった大きな範囲まで、大きく目をひらいておく必要があるのです。

就職活動に入った後も、自分は仕事として何がしたいのかを考え続ける必要があります。しかし、就職活動中はすでに就職に向けて走り始めているわけですから、「ふりだし」に戻って考えることはむずかしいですし、そんな時間もあまりとれません。「なんで働くの？」という気持ちが沸きあがってくると、就職活動というレースから脱落しかねません。これは怖いことなので、沸きあがる気持ちを押さえながら、就職活動を進められるような理由探しにこだわってしまうのです。

このような状況では、これからの人生を左右する「働くことは私の人生の中でどのような意味をもっているのか、意味をもたせたいと考えているのか」という問題にじっくりと取り組むことはむずかしいでしょう。しかし第3章でも触れられるように、それは就職活動の中で大切なことなのです。ですから、本格的に就職活動を始める前の今、このことについてしっかりと考えてほしいのです。そしてその答えを出すことが、しっかりとした就職活動の基盤になります。まずは大きく目を見開いて、人生と働くことにかかわるさまざまなことをよく見てほしいと思います。

## 2 青年期までの職業意識の移り変わり

仕事の意味を考えるためには、人生の中に仕事というものを位置づけてみる必要があります。この二つはお互いがお互いを特徴づけるものであり、人生は人生、仕事は仕事と分けて考えるようなものではありません。そのため、双方の折り合いをつけるために妥協が必要な場合もあります。ここからは、しばらく人生と仕事のかかわり合いを見ていきましょう。

みなさんは、小さかったころ、大きくなったら何になりたいと思っていましたか？

将来はこんなふうになりたいとか、こんな仕事につきたいといった意識は、比較的似通ったプロセスで発達します。まず小学校にあがる前の子どもたちには、空想や欲求に基づいて将来なりたいものを考えるという特徴があります。たとえば、空想世界のみに存在するヒーローやキャラクターなどへのあこがれから「仮面ライダーになりたい」

とか、欲しいものやしたいことが直接に表現される「(ケーキを食べることが好きだから) ケーキ屋さんになりたい」とかといった段階から将来の計画が始まるのです。

将来をこのように考える段階は、小学校入学前後あたりまで続きます。そして小学校の中学年から高学年になってくると、徐々に自分の好みや能力が加味されるようになってきます。たとえば、担任の先生が好きだから教師になりたいとか、サッカーが得意だからサッカー選手になりたい、などと表現されるようになるのです。仮面ライダーなどといった空想上のものでなく、現実にある職業の名称があげられるようになってきます。

これに続くプロセスでは、欲求や好き嫌いというレベルでの判断ではなく、自分の能力や、興味・関心、価値観、仕事を得られるチャンスや可能性など、具体的で現実的な選択をするために必要な事柄が加味されるようになります。心理学者のスーパーが、中学校段階から二十四歳、二十五歳くらいまでを、「探索段階」とよんでいるように、学校やその他の生活場面でさまざまな経験を重ね、どのような仕事に就くかを探索、決定していく段階に入ってきます。

このあたりの発達的変化を、中学生と高校生が考える就きたい仕事の違いから探ってみましょう。一ツ橋文芸教育振興会と日本青少年研究所の行なった調査[★8]の結果、高校生よりも中学生の方が就きたいと思う仕事としては、「医師」「スポーツ選手」「警察官」「アルバイト」「芸能人」などがあげられました。その逆、つまり中学生よりも高校生が就きたいと思う仕事には、「公務員」「専門技術者」「教職」「芸術家」などがあげられています。「芸術家」はともかく、このような違いから、就ける可能性が高く安定し安全な仕事へという変化をうかがうことができます。

大学生の傾向については、就職先としての人気企業ランキングなどをみればそれを把握できます。二〇〇二年度卒業生を対象にしたリクルート社の調査では、上位にトヨタ自動車、ジェイティービー（JTB）、博報堂、本田技研工業、電通などの超有名企業が並んでいます。大久保[★7]は、このような傾向を、一般向けの事業を行なっている企業、広告等でプロモーションを行なっている企業が多いと分析しています。これは少し見方を変えると、学生はよく見聞きする企業の中からしか選んでいないともいえます。つまり、その他の多くの企業を知らないからではないかとも考えられるのです。

さて、みなさんも一度、これまでに自分がなりたかったものを書き出してみてください。そして、なぜそう思っていたのかも思い出してください。

これを書き出してみれば、自分のなりたかったものは、いろいろなものに影響されてそう思うようになっていたことがわかると思います。つまり将来を思い描くには、こうなりたいと思わせるような刺激が必要なのです。また、もしかすると、「小さかったころは夢があったなあ。それにくらべて今は…」と寂しく思う人もいるかもしれません。しかし、現実的になっていくことは別に寂しいことでも、悪いことでもありません。知的な発達という観点からすれば、これはあたり前のことなのです。さまざまな刺激を得ながら、夢物語ではなく現実的に考えられるようになっていくというのが、青年期までの職業意識の変化なのです。

## 3　仕事から隔離された子どもたち

人はさまざまな刺激を受けて何になりたいかを考えます。現代は、メディアや通信機器の発達で情報が氾濫した刺激の多い社会といわれますが、子どもたちのまわりの仕事についての情報は残念ながら増えているとはいえないようです。逆に減っているといってもよいでしょう。

就職活動を始めると、会社という新しい社会との出会いがあります。「新しい社会」ということができるように、これまでは入ることができなかった社会です。現実にある場所という観点では、近年では徐々に子どもの空間と大人の空間の隔たりが少なくなっています。コンサートホールにしてもレストランにしても、子どもも出入り可能になり、大人だけの空間という場所は少なくなっています。しかし逆にその隔たりが大きくなっている場所も指摘できます。それが仕事の場所、仕事の世界でしょう。

現在では、働く父親の八割がいわゆるサラリーマンとして働いています。しかし、一九六〇年ごろにはサラリーマンとして働くケースは六割程度でした。サラリーマンの場合、その多くは自宅外の会社へと出勤し仕事をしています。このように会社に勤めるという労働形態が多くなったことによって、ますます子どもの前から働いている家族の姿が消えているのです。また私生活を大切にしたいという考えから、家では仕事をしない、家に仕事をもって帰らないといった親の主義も、さらに子どもの生活空間から仕事という世界を遠ざける結果となっているようです。そのため、自分の親が働いている会社の名前や所属、地位は知っていても、働いている親の姿は見たことがないとか、どんな内容の仕事をしているのか知らないといった子どもが増加しています。

このように子どもたちの現実世界における仕事の情報は減っているのですが、他方で、メディアを通した情報は多くなっています。大学生の就職人気企業が、一般向けの事業を行なっているところや、広告に力を入れている企業が多いというのは、まさにこの影響といえるでしょう。また、人気ドラマの主人公が就いている職業が、急に人気を得たりすることもあります。このようなメディアの影響は悪いものではありませんが、それは脚色されたものであったり、見栄えの良い一部を切り取っただけのものであったりするという問題があります。

以上のような生活空間で育った子どもたちは、仕事の世界のごく一部しか知らないこととなります。職業意識が希薄だと指摘されても、よく見聞きする企業しか志望しないと指摘されても、それくらいの情報しか入ってこないような空間でしか生活していなかったのだから仕方のないことだとも考えられるのです。

みなさんも、この世の中に生きていますが、そこには未知な世界がたくさんあるのです。これまでは、まだ子どもだということで、子ども用の世界に隔離されてきたともいえるでしょう。まだ見たこともない、知

おれんち
もう一部屋あったんだ…
それは知ってたよ

らない世界が大きく広がっているのです。仕事という刺激をあまり受けてこなかったと感じる人は、まずは仕事に関するさまざまな情報にふれてみることが必要でしょう。

## 4 成人期の役割は複雑

青年期を過ぎてくると、個々人のライフスタイルは非常に多様なものになります。この多様さが、人生を設計していくうえでのポイントになるのです。なぜ多様になるのかといえば、自分が受けもつ役割の増加にあります。例として自分の両親などを考えてみてください。仕事に行けば職業人としての役割をはたしていますし、家にいればみなさんの親として、また共同生活者としての役割をはたしています。また町内会の集まりに出たり、仕事のため、生活のため、趣味のためといった理由で勉強に励むこともあります。このように、青年期をすぎるとさまざまな役割をはたさなければならなくなります。そして個人の置かれている状況や希望する生き方によって、それぞれの役割の必要性や重要性が異なり、役割の組み合わせとしてのライフスタイルが多様化すると考えられるのです。

このような複雑化した役割を簡単に記述し、把握するには、スーパーが描いた「ライフ・キャリアの虹」が役に立つでしょう。そこでは人生における代表的な役割が六つあげられています。それらは、家庭を形成し維持していく役割である「家庭形成者」、職場の構成員としての役割である「職業人」、地域や国などを構成するメンバーとしての役割である「市民」、休息や趣味などを中心とする役割である「余暇人」、生徒や学生として学ぶ役割である「学生」、そして「子ども」という六つです。図２－１には、ある人の一生涯にわたる変遷が示されています。

図の見方を説明しておきましょう。図の左側から時計まわりに、円弧が年齢を表わしています。また半円形の弧には、六つのトラックがあり、それぞれのトラックが「家庭形成者」や「職業人」などの六つの役割を表現しています。乳幼児のころは「子ども」の役割だけが求められていますが、もう少し大きくなると「学生」の役割が求められるようになります。そして徐々に役割の数が増えていき、多くが重なり合うようになります。

またそれぞれのトラックにある網掛けの部分は、その役割にあてる時間や力の程度を示しています。それを手がかりに図示されている人の人生を追いかけると、二十五歳くらいまで学生を続け、その後、仕事に就いていることがわかるでしょう。家庭をもったのが三十歳前で、三十歳代のときに二度、仕事をしながら勉強もした時期があります。

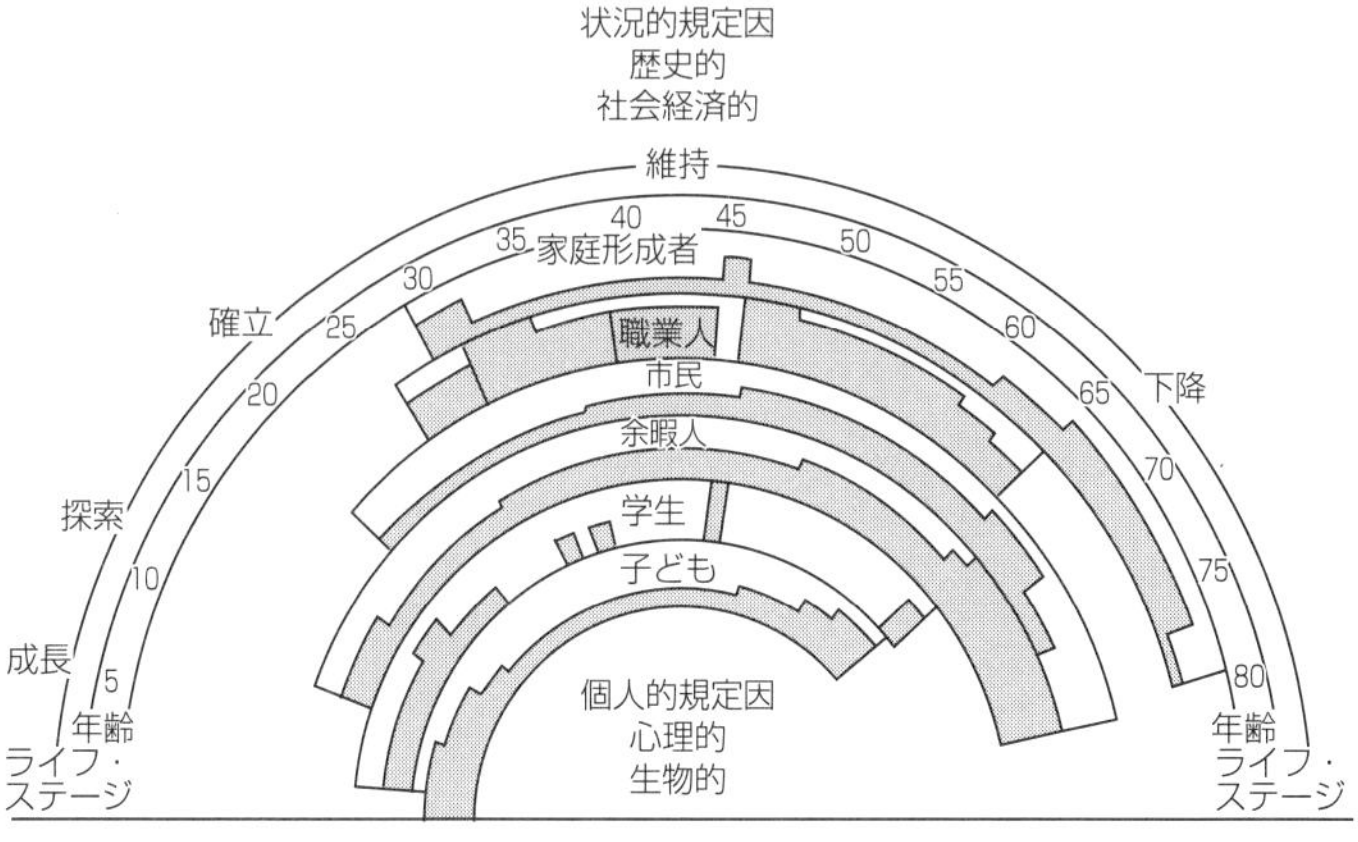


**図２－１　ライフ・キャリアの虹**（Super, 1980）

四十五歳くらいのころ、いったん仕事を離れ、勉強と家庭に力と時間を注いでいたようです。このように、ライフ・キャリアの虹を使えば、役割の多重性とそれぞれの役割への関与の程度を把握することができるのです。

みなさんも、これまでとこれからの生活の希望をこのような図に書いてみてください。もちろん希望でかまいません。希望をかなえるためにやっているのですから。

話をもとにもどしましょう。この図はサンプルではありますが、多くの場合、成人期が最も多くの役割をはたさなければならない時期であることはまちがいないことでしょう。しかし一日の時間は、それまでと同じ二十四時間です。一年の長さも変わりません。そうすると、同じ時間の中で多くの役割をこなさなければならなくなります。そこで重要になってくるのが時間の使い方であり、そのための計画です。二十四時間の中に、やりたいことや、やらなければならないことをうまく収めることが要求されます。それができないと、いろいろな不満が出てきます。もう少し正確にいうと、理想的な各役割への時間と力の配分と、現実的な各役割への時間と力の配分の間に葛藤が生まれるのです。これを役割葛藤とよびますが、多数の役割を同時に背負うと避けることができないものかもしれません。さらに、それぞ

れの役割には責任がつきまといますので、簡単に辞めることもできません。

このように図示すると、仕事（職業人）は人生における役割の一つにすぎないことがはっきりすると思います。この節では、人生を設計し、その中に仕事を位置づける必要性のもとに話を進めていますが、ここで一つはっきりとしたことは、人生の中に仕事を位置づけるためには、他の役割との整合性や力、時間の配分などを考えざるを得ないということです。そして、それが生き方についての個性になり、成人期に発揮されることになるのです。

## 5　人生における役割の意味

ここでは、人生における役割というものを、もう少し心理的な側面でとらえてみましょう。他の人たちは人生の中で仕事というものをどのように意味づけているかというサンプルにもなるはずです。

まず、仲村[★9]が仕事について記述した次の文を読んでください。

「仕事をベースにぼくらの人生は秩序づけられていく。…略…　仕事が収入と権力と地位、名誉を与える。仕事が自己の何であるかのアイデンティティを感じさせ、結婚や友情、交際の人間関係に機縁と継続をもたらす。…略…　仕事は退屈するヒマを与えず、ものごとをむだに思案することを少なくさせる。またそれは人を自立させて他者への依存や侮りを防止してくれる。…略…　仕事は遊びについていわれるようなスリルや熱中、想像力や探求心の満足をも与えてくれる」

もしこの記述が正確なものであれば、仕事は私たちのさまざまな欲求を満たしてくれるものといえるでしょう。また人間的に成長させてくれる場であり、いわゆる生きがいを感じさせてくれる場所ともいえそうです。さて、実際にそのようなすばらしい場なのでしょうか。

これを調査データから確かめてみようと思います。図2－2は、三十五歳から七十四歳までの現役サラリーマンおよびOBを対象とした調査[★10]の結果です。なお男女比は、男性が八割、女性が二割でした。十の生きがいについて、それが主としてどこで得られているかを尋ねています。スーパーの六つの役割とこの調査で設定されている場は完全には一致しませんが、家庭＝家庭形成者、仕事・会社＝職業人、地域・近隣および世間・社会＝市民と読み替えればよいと思います。

図2－2より、明らかに仕事・職場が多くの項目で選択されていることがわかります。特に現役サラリーマンの回答に注目して結果を見ていくと、「自分の可能性を実現したり、何かをやりとげたと感じる」「自分が役に立っていると感じたり、評価を得ている」という項目では、回答者の八割以上が仕事・職場を選んでいるのです。逆に、仕事・職場が最も選ばれない項目は「心の安らぎや気晴らしを感じる」場所としてでした。

一方、家庭が選ばれる項目は、仕事・職場で最も選ばれなかった「心の安らぎや気晴らしを感じる」場所としてや、「生活の目標や目的」「生活にはりあいや活力をもたらしてくれる」などです。地域・近

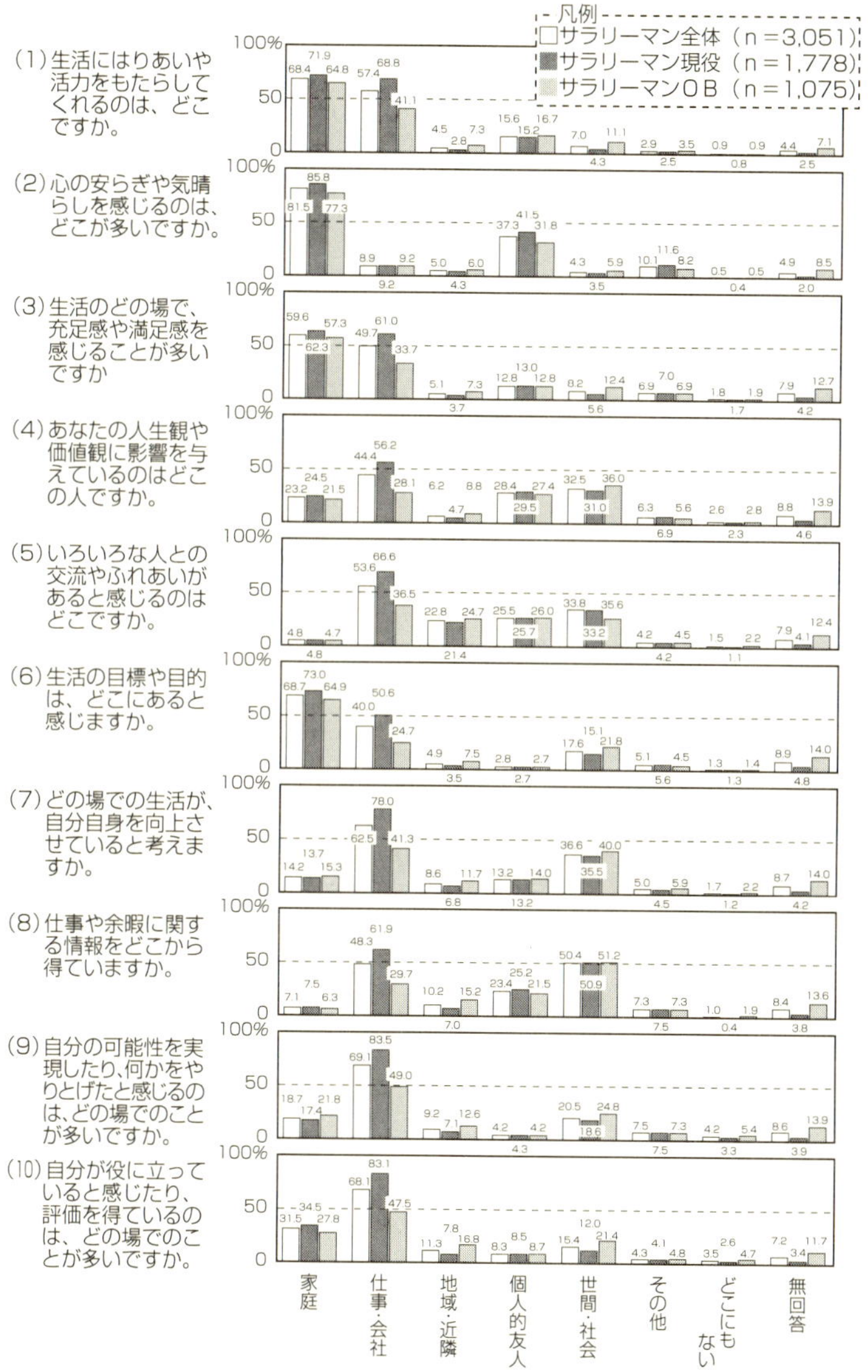
凡例
サラリーマン全体（n＝3,051）
サラリーマン現役（n＝1,778）
サラリーマンＯＢ（n＝1,075）
(1) 生活にはりあいや活力をもたらしてくれるのは、どこですか。
(2) 心の安らぎや気晴らしを感じるのは、どこが多いですか。
(3) 生活のどの場で、充足感や満足感を感じることが多いですか
(4) あなたの人生観や価値観に影響を与えているのはどこの人ですか。
(5) いろいろな人との交流やふれあいがあると感じるのはどこですか。
(6) 生活の目標や目的は、どこにあると感じますか。
(7) どの場での生活が、自分自身を向上させていると考えますか。
(8) 仕事や余暇に関する情報をどこから得ていますか。
(9) 自分の可能性を実現したり、何かをやりとげたと感じるのは、どの場でのことが多いですか。
(10) 自分が役に立っていると感じたり、評価を得ているのは、どの場でのことが多いですか。
100%
50
0
家庭
仕事・会社
地域・近隣
個人的友人
世間・社会
その他
どこにもない
無回答
図2－2　生きがい構成要素の取得の場（※複数回答＝2つまで）

隣や世間・社会が多くの回答者から選ばれている項目は少なく、仕事や余暇に関する情報を得る場所として50・9%の現役サラリーマンから選ばれていることが最高です。

このような結果から、サラリーマンにとって仕事や会社は、生きがい感を感じられる重要な場所であることがわかります。「自分の可能性を実現したり、何かをやりとげたと感じる」「自分が役に立っていると感じたり、評価を得ている」「自分自身を向上させている」「生活にはりあいや活力をもたらしてくれる」場などとして多くの回答者から選択されており、達成感、充実感、有能感、自己実現、自己成長など、人間にとって重要な感覚を多様に得られる場所のようです。先の仲村の指摘は的を得ているといえるでしょう。

生きがい感を感じられる場所としての特徴を家庭と比較してみると、「生活にはりあいや活力をもたらしてくれる」や「充足感や満足感を感じる」場所としては、家庭も仕事・会社も同程度選択されています。しかし、「いろいろな人との交流やふれあいがある」では家庭よりも仕事・会社が、「心の安らぎや気晴らしを感じる」では仕事・会社よりも家庭が多く選ばれ、その差もかなり大きなものとなっています。つまり、家庭でも仕事でも満たされる生きがいもあるが、家庭でのみ満たされる生きがいや、仕事や職場でのみ満たされる生きがいもあるのだということがわかるでしょう。

このような調査結果をふまえながら、人生におけるさまざまな役割とその意味を考えると、それぞれの役割は人生の中でそれぞれの意味をもっており、他の役割では補えないような生きがいを感じられる源になっているといえるでしょう。その中でも仕事は、多くの人が多様な生きがいを感じられる場所・

役割であるようです。

しかし仕事と人の関係は、仕事が人の期待を満たすという一方向的なものではありません。第1章でも触れられていたように、仕事の求めるものを満たさなければそのメンバーになることはもちろん、配置転換や解雇という処遇にあうこともありえるのです。このような厳しい面についても必ず頭のどこかに置いておいてほしいと思います。

## 6 人生設計は変わってあたり前

◎Uさん二十二歳の時
「けっして仕事人間にはなりたくはないのですが、仕事は人並み以上にやってみたいです。どうせやるのなら、やれるところまでやってみたいと思います。結婚もしたいし、子どもは一人だったらかわいそうだから二人くらい。早くほしいですね。もちろん、子育てもちゃんとやりますよ。それからボランティア活動に興味があるので、それを通して社会に貢献できたらと思っているし、そのためにはもっと勉強も必要だと思っています」

◎Uさん二十七歳の時
「今は仕事が中心ですね。仕事人間にはなりたくはなかったのですが、人並み以上に働かされているって感じです。これまでになかったほど勉強もしましたし。結婚はもうちょっと先になるかもしれません。今の調子だと、子育てはどうかな。時間がとれないかもしれません。ボランティアは、時々やっています。とりあえず今は、できる範囲でやっていこうという感じです。無理をすると、ボランティアはもちろん、仕事や他の生活にも影響しちゃうんですよね」

◎Uさん三十二歳の時

「去年転職したんですよ。知り合いから今の会社が人を探してるって聞いて応募したんです。前の会社よりも小さなところなんですが、それまでの経験も生かせるし、社長もいい人で気に入られたし、家からも近くなるし。それで思い切って転職したんです。それから三年前に結婚しました。子どもはほしいのですが、まだ授かりません。今は転職してまもないので仕事が中心ですね。それと会社から大学院に行ってもよいといわれたので、夜は学生をしています。時間がとれなくてボランティアに参加できないのが残念です」

◎Uさん三十七歳の時

「二年前に入院しちゃったんですよ。ちょっとオーバーペースで飛ばしすぎたからかもしれません。妻にも会社にも迷惑をかけてしまいました。それからはペース配分に気を使うようになりました。仕事のやり方も少し変えてみました。おかげでボランティアも再開することができるようになったんです。

トータルとして見れば、あの時に病気になってよかったのかもしれませんね。そうそう、子どもがやっと授かったんです。まだお腹の中ですけど」

人生は、予測のできないことだらけです。結婚したくても適当な相手が見つからないとか、子どもがほしいのだけれどできないとか、病気になる予定はなかったのに病気になったとか、こんなことは見通しておくことはできません。

人生や仕事のことを考えようとするとき、それが将来のことで、予測できないからといって投げ出してしまう場合も少なくありません。確かに予測できる人生なんてありません。でもだからといって人生設計を投げ出していいわけではありません。このあたりのことは第3章でも扱われますが、逆に考えれば、もし将来が予測可能であれば人生設計なんて必要ないのです。将来のことは、予想不可能だから考えるのがむずかしいのですが、予測不可能だからこそ考える価値があるのです。

しかし、人生設計をすれば何かいいことがあるのかというと、必ずしもすべての人にいいことがあるとはいえません。家の設計は理想の暮らしを実現するために行ないますし、夏休みの予定表は、やりたいこと、やらなければならないことを、休みの終わりまでにやり遂げるためにつくるものです。人生設計も同じです。こんなことをやりたいなどといった夢や目標がある場合や、こうはなりたくないといっ

た、どうしても避けたいものがあるような場合には、人生設計は重要なものとなります。

一方で、人生なんてどうなってもよいのだ、とか、自分に降りかかることをすべて受け入れて生きていくのだという人は、わざわざ人生設計をする必要はありません。そういう人にとっては、設計をしない方が人生を楽しめることでしょう。ただし、相当に人間的な強さをもっていないとむずかしいでしょうが。

おそらくほとんどの人は、何らかの将来に対する希望や目標をもっていると思います。その大きい小さいは問題ではありません。少しでもそれに近づきたいと考える人は、人生設計をしたほうがそれに近づけると思います。

しかし先のUさんの例のように、予測不可能な出来事や、個人の力ではどうしようもないような出来事が起きてきます。そんな時がきたら、どんどん変えていけばいいのです。人生の設計図をかくことは、当面の目標を明らかにすることであり、絶対にそれに従わなければならないといったものではありません。また、人生を決めるのは自分自身であるといわれますが、これは百パーセント自分の自由になるという意味ではなく、さまざまな出来事にどのように対応していくかということを決められるということです。

あまり固く考える必要はありません。まずは、のびのびと人生の大枠を描いてみるところからはじめればよいのです。何度もくり返しますが、仕事はその中の一部になるものなのです。

# 第2節　人生とお金と仕事

## 1　隠される人生と仕事とお金の関係

お金。これも生きていく上で考えなければならない重要なものです。これまでは、人生と仕事の関係に注目して記述してきましたが、ここではお金の問題を中心に扱っておこうと思います。

就職関係の書籍はたくさん出版されていますし、マネー雑誌も最近は多くなっています。しかし、密接なつながりをもっているはずの仕事とお金なのですが、なぜかこの二つをともに扱ったものは少ないのです。せいぜい、就職雑誌で初任給にこだわって企業選びをしても意味がない、というようなことが書かれている程度ではないでしょうか。ここでは、人生とお金、仕事とお金についての問題を取りあげていきます。

お金については、残念ながらあまり学校や家庭で語られることはありません。学校で習うお金についてといえば、お金の役割（品物と交換することができる、など）や、兌換紙幣などという呼称、為替レート、それに家庭科などで家計簿のつけかたを学習する程度でしょう。家庭では月にどの程度の必要経費がかかるのか、といった生活に密着した問題から、お金を貯める理由や方法、保険や年金の種類やかけ方など、人生を設計していくために必要な知識などについては、まったく教えられないままになっているというのが現状です。

さて、あなたは自分の家庭の収入が月々どのくらいあるかを知っているでしょうか？　月々の支出についてはどうでしょうか？　また、預貯金はどれくらいあるか知っていますか？

自分の家庭のことなのに、知らない人が多いのではないかと思います。学生にも尋ねたことがあるのですが、知っているという者はごくわずかでした。また、「親に尋ねたことはあるのだけど教えてもらえなかった」と訴えるものもいます。時には、「尋ねたら、子どもがそんなことに首を突っ込むものじゃないと怒られた」という経験をもつものもいます。

多くの家庭で、お金やその出入りについては秘め事として扱われることが多いようです。子どもにお金のことで心配をさせたくない、という親心もわからないではないのですが、それでは子どもの金銭感覚、現実的な生活観といったものは成長しません。学校でも習わないし、家庭でも秘め事になっているため、結局のところ、生活とお金の問題については下宿を始めたり、就職したり、結婚したりしてはじめて、具体的問題として実感するという人が多いようです。これは仕方のないことかもしれませんが、非常に大きな問題をはらんでいるともいえます。なぜなら、お金の扱い方は、その人の人生を左右する可能性があるからです。先に人生の中に仕事というものを位置づけてみました。それと同じように、お金の問題も、人生の中に位置づける必要があります。

一方、仕事とお金についての関係についても、あまり教えられることはありません。お金の問題が表に出てこないこととかかわりがあるのかもしれませんが、真面目に、一生懸命に仕事に取り組む重要性については強調されますが、仕事と賃金の関係についてはあまり触れられないようです。

学生たちのアルバイトの話を聞いていると、「あそこは時給は安いのにしんどい」だとか「ここは時給の割に楽だ」といった内容が出てきます。そんなとき「いくらの時給ならば妥当なのか」と尋ねてみることもあるのですが、「もうちょっと高く」とか「もう少し安くても納得できるかな」というような曖昧な答えしか返ってきません。ファーストフードと家庭教師のアルバイトを掛けもちしている場合のように、同じ人間の働きにもかかわらず時給に倍以上の差が生まれてくることがありますが、それもあたり前として受け入れているようです。

人生の中にお金を位置づけるとすると、日々の生活にはどのくらいかかるのか、特別な出費にはどのようなものがあり、どのくらいかかるのかといった、生活と密着した側面から考えていく必要があります。もちろんお金が自然に湧いてくることはないので、何をやって稼ぐか、どうやったら稼げるかという問題、つまり仕事とお金の関係もあわせて考える必要があります。さらに支出だけでなく、出費に備えて、いつまでにどのくらいを蓄えておけばよいのかという貯蓄の側面を忘れるわけにはいきません。自分の人生を作りあげていくこととお金は、切っても

切れない関係にあるのです。

このように表現すれば、人生と仕事とお金は密接に関連していると想像できると思います。しかしその関連はとても複雑です。人生設計にあわせて仕事を選んだのだけれども、必ずしも人生設計に見合うだけの収入が得られないといった場合もあります。人生設計の実行に十分な収入を得られる仕事を選んだ結果、仕事が忙しくて人生設計自体を変えなくてはならなくなることだってあります。ここに正解はありません。すべてを見渡しながら、バランスをとっていく必要があるのです。

## 2 人生とお金―収入と支出―

ここでは、収入と支出についてデータをもとに見ていきましょう。まず、この国に生活している家族（世帯）が、どの程度の収入を得ていて、また年齢層によって、それがどのように変化するのかを「平成十二年 国民生

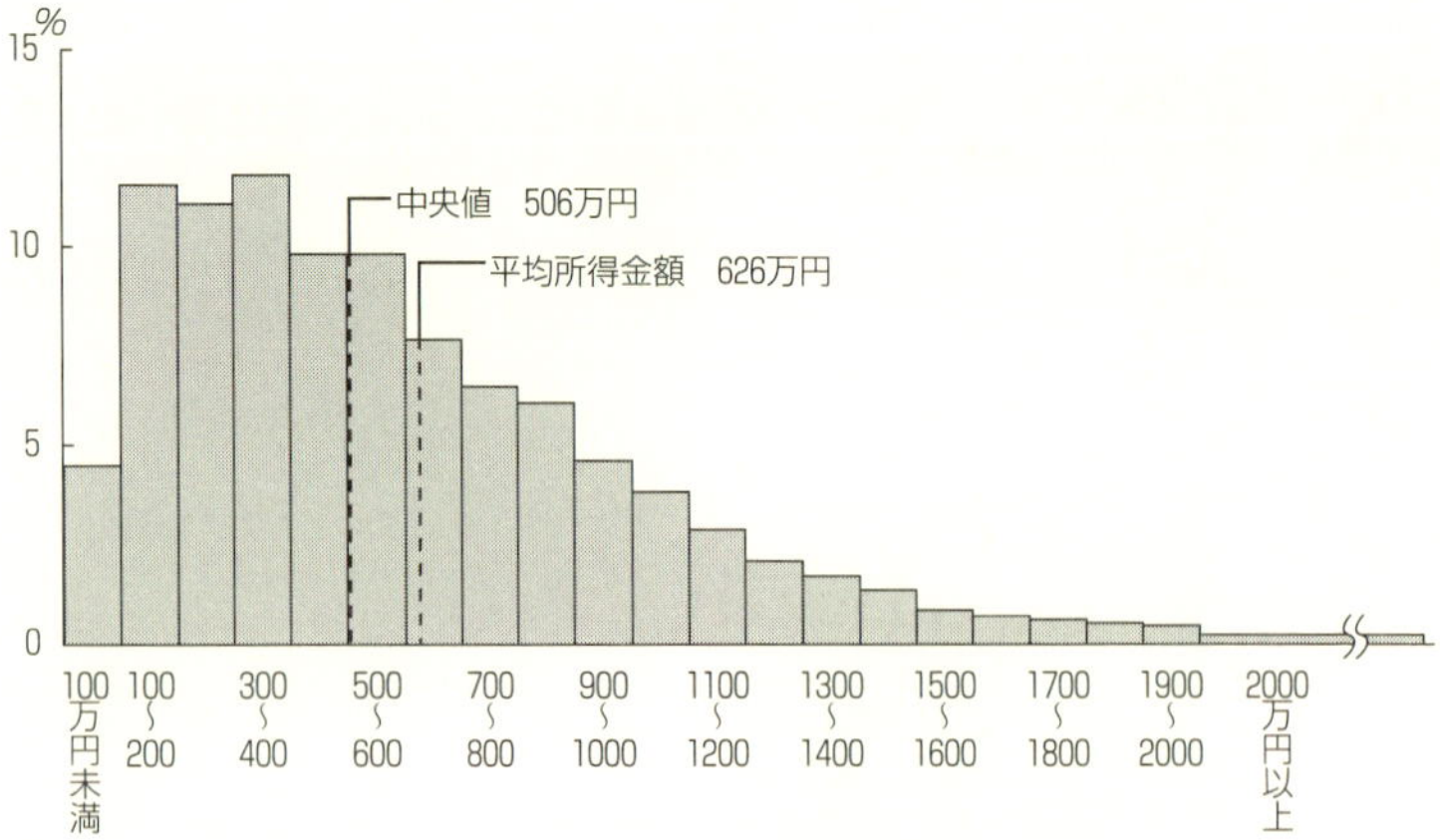


図2－3 所得金額階級別にみた世帯数分布（平成12年）

活基礎調査」の結果をもとに図2－3に示します。

図2－3には、所得金額階級別にみた世帯数分布を示しています。世帯別の所得ですので、共働きであれば二人の合計ですし、給与だけでなく利息や年金などの収入も含んでいます。また、いわゆる手取り額（所得税などの税金や社会保険料などを減じた額）はこれよりも少なくなります。図を見ると、年収が２００万円から６００万円くらいまでの間では、それぞれの所得金額階級に10％前後の世帯があてはまっています。所得の平均は６２６万円ですが、所得上位50％下位50％を分ける中央値は５０６万円ということです。

みなさんはこのような状況を見てどのように思いますか？こんなものだと思う人もいるでしょうし、意外と格差があるのだと感じる人もいるのではないでしょうか。ほとんどの国民が中流意識をもつこの国ですが、実際の収入はというとかなりの差があるというのが現実です。

次に表２－１に、世帯主の年齢別にみた一世帯あたりの平均所得金額を示します。世帯単位の収入の経年変化といってもよ

表２－１　世帯主の年齢階級別にみた１世帯当たり・世帯人員１人当たり平均所得金額
（平成12年調査）

| | 総数 | 29歳以下 | 30～39歳 | 40～49 | 50～59 | 60～69 | 70歳以上 |
|---|---|---|---|---|---|---|---|
| １世帯当たり | | | | | | | |
| 平均所得金額（万円） | 626.0 | 338.3 | 566.4 | 727.2 | 819.3 | 600.2 | 467.6 |
| 平均可処分所得金額（万円） | 523.8 | 292.7 | 479.4 | 602.2 | 679.4 | 509.5 | 393.1 |
| 平均世帯人員（人） | 2.85 | 1.89 | 3.10 | 3.65 | 3.08 | 2.59 | 2.31 |
| 平均有業人員（人） | 1.40 | 0.98 | 1.35 | 1.69 | 2.00 | 1.25 | 0.74 |
| 世帯人員１人当たり | | | | | | | |
| 平均所得金額（万円） | 219.8 | 178.9 | 182.5 | 199.5 | 265.9 | 231.8 | 202.3 |
| 平均可処分所得金額（万円） | 185.3 | 153.8 | 154.8 | 165.5 | 222.0 | 199.8 | 171.9 |

注：「総数」には、年齢不詳を含む

いでしょう。なお可処分所得とは、いわゆる手取りの額を示すものです。この表では、一世帯に何人の家族がいて（平均世帯人員）、また何人が職業に就いているか（平均有業人員）ということも把握できます。これを見れば明らかなように、世帯主の年齢の上昇とともに平均所得も上昇し、世帯主が五十～五十九歳の世帯が819・3万円と最も所得が多く（ただし働き手の数も2・00人と最も多いのですが）、また平均可処分所得額も多いことがわかります。

さて、ここで考えておかなければならないことが、みなさんが三十、四十、五十歳と年齢を重ねていったとき、表のような額の賃金が得られるのかという点です。第1章でも触れられていたように、賃金は年功序列から、能力・業績主義へと変化しています。もしこの方向が強まれば、一定の年齢に達したからといって一定の収入が得られるとは限らないことになります。つまり、表の数字が平均だからといって、みなさんの場合も年齢が上がれば表にある程度の収入が得られるということを単純に期待しては危険であるということです。

ではどうするか、ということが大きな問題なのですが、これの答えは一つではありません。いろいろな対処が考えられます。それを考えていくことも人生のだいご味ではないでしょうか。

次に出ていくお金、つまり支出について見てみましょう。表2－2にライフスタイル別の総支出額の一例を示しておきます。サラリーマンの平均生涯賃金は2億円強といわれていますので、なんとかこの範囲内に納まっている（つまりは人生が赤字で終結していない）数字です。しかし、それほど楽なものでもないようですし、ここに含まれていないことをやりたい場合には、資金をどこかから捻出しなければなりません。もしこれらの必要なお金を働くことによって得なければならないのなら、働くことにはそれだけの責任が生じてくるのです。

完全な自給自足の生活でない限り、日々の生活にはお金がかかります。それらを合計すると大きな金額になるのですが、人生の中である特定の時期に大きな資金を必要とするものとして、教育の資金、住宅の資金、老後の資金の三つがあります。先の表の中にもありますが、これらについては高額になるので、出費に備えて準備するということが必要になります。ちょっとその内訳を見ておきましょう。

まず教育の資金ですが、どこまでを教育費と考えるかで大きく異なってきますが、平成十二年の「子どもの学習費調査」[★11]では、公立の幼稚園に二年間通い、小、中、高校と公立高校に通った場合、授業料、教科書費、通学費などを含む学校教育費と学校給食費、そして塾や各種習い事の費用などを含む学校外活動費を合計すると、約５００万円強という数字が出てきます。幼稚園と中学、高校を私立に進

**表２－２　ライフスタイル別にみた一生の間に使うお金の目安**

| | シングル | 夫婦２人の家庭 | 夫婦＋子ども１人の家庭 |
|---|---|---|---|
| 結婚費用 | ０円 | 400万円 | 400万円 |
| 基本生活費 | 2800万円 | 3800万円 | 5000万円 |
| 住居費 | 7000万円 | 7000万円 | 7000万円 |
| 教育費 | ０円 | ０万円 | 1166万円 |
| 保険料 | 400万円 | 800万円 | 1000万円 |
| 自動車関連費 | 1300万円 | 1300万円 | 1300万円 |
| レジャー費など | 1000万円 | 1800万円 | 3000万円 |
| 合計 | １億2500万円 | １億5100万円 | １億8866万円 |

住居費　当初10年間、家賃10万円の賃貸住宅に住み、約3800万円のマンションを頭金850万円で購入し、管理費などを加えた場合
教育費　小・中学校は公立、幼稚園、高校を私立、大学を私立文系に進んだ場合

むと、1000万円に近い額となります。さらに大学に進むことを考えれば、表2－2のように子ども一人あたり1000万円以上が必要となるのです。

次に住宅ですが、一生のうちで最も高額な買い物といえるでしょう。表では当初十年間は家賃10万円の賃貸住宅に住み、その後約3800万円のマンションを頭金850万円で購入した場合となっています（ちなみに十年間で850万円を貯めようとすると、月々約7万円ほどを積み立てる必要があります）。それで住居費が7000万円というのは、ちょっとおかしいと思いませんか？　月額10万円の家賃で十年間住むと1200万円になります。マンションの購入費用と合算しても5000万円です。残りは2000万円ですが、そんなに管理費などがかかるとも思えません。このからくりは利息にあります。たとえば3000万円を年利3％の三十年ローン（ボーナス時加算なし、元利均等返済法）で借りると、返済総額は4350万円ほどになります。つまり利息の総額が1350万円にもなるのです。このような利息が反映して7000万円という数字になっています。

さらに老後の資金ですが、生命保険文化センターが平成十年に行なった「生活保障に関する調査」では、夫婦二人でふつうの老後をおくる場合、一か月に必要な金額が平均で約24万円、ゆとりのある生活をおくるのであれば平均約38万円になるという結果が示されました。退職の後、老後を二十五年間おくるとすれば、必要な金額の総計はふつうの生活で約7200万円、ゆとりのある生活で約1億1400万円となります。もちろん、ここでは年金の問題も出てくるのですが、それが現在大きな社会問題となっているように、みなさんが年金をもらうころを予測することはむずかしいといわざるを得ません。な

郵便はがき

料金受取人払郵便

京都北支店承認

4143

差出有効期間
平成22年11月
30日まで

切手は不要です。
このままポストへ
お入れ下さい。

603-8789

028

京都市北区紫野
十二坊町十二―八

北大路書房
編集部　行

(今後出版してほしい本などのご意見がありましたら，ご記入下さい。)

# 《愛読者カード》

| 書　名 | |
|---|---|
| | 購入日　　年　　月　　日 |
| おところ | (〒　　－　　) |
| | (tel　　－　　－　　) |
| お名前（フリガナ） | |
| | 男・女　　歳 |
| おなたのご職業は？　○印をおつけ下さい | |
| (ア)会社員　(イ)公務員　(ウ)教員　(エ)主婦　(オ)学生　(カ)研究者　(キ)その他 | |
| お買い上げ書店名 | 都道府県名(　　) |
| | 書店 |
| 本書をお知りになったのは？　○印をおつけ下さい | |
| (ア)新聞・雑誌名(　　)　(イ)書店　(ウ)人から聞いて<br>(エ)献本されて　(オ)図書目録　(カ)DM　(キ)当社HP　(ク)インターネット<br>(ケ)これから出る本　(コ)書店から紹介　(サ)他の本を読んで　(シ)その他 | |
| 本書をご購入いただいた理由は？　○印をおつけ下さい | |
| (ア)教材　(イ)研究用　(ウ)テーマに関心　(エ)著者に関心<br>(オ)タイトルが良かった　(カ)装丁が良かった　(キ)書評を見て<br>(ク)広告を見て　(ケ)その他 | |
| 本書についてのご意見（表面もご利用下さい） | |

このカードは今後の出版の参考にさせていただきます。ご記入いただいたご意見は無記名で新聞・ホームページ上で掲載させていただく場合がございます。

お送りいただいた方には当社の出版案内をお送りいたします。

※ご記入いただいた個人情報は、当社が取り扱う商品のご案内、サービス等のご案内および社内資料の作成のみにご利用させていただきます。

お、将来もらえるかどうかわからないからといって年金の掛け金を滞納する人もいるようですが、もしそう思うのであれば、年金は自分のお金を貯めておくという預金とはまったく違った性質のものであることを勉強してみるとよいでしょう。

　さて、人生とお金のデータを示してきましたが、これを見てどんな気持ちになったでしょうか。金額が大きすぎたり、ライフイベントとしては先のことすぎて、今一つ実感がわかないという感じでしょうか。しかし、生きていればお金はかかるのです。子どもには人並み以上の学歴をつけさせてやりたいとか、新築のわが家が欲しいとか、老後はゆとりをもって生活したいとか、その他にも、いい車が欲しいとか、年に一度くらいは海外旅行をしたいだとか、そんな欲求を満たすにはそれぞれ資金が必要になってくるのです。生活の糧を働くことによって得ようとしている人には、この現実をしっかりと認識しておいてほしいと思います。

## 3　仕事とお金

仕事とお金（賃金）の関係については、さまざまな考え方があります。たとえば、「自分のやりたいことや社会的に意味のあることを仕事とするべきであり、賃金で選ぶなんてつまらない」と、「安定した収入が得られる仕事がいちばんであり、いつまでも夢を追いかけるのは子どもの考え方である」などといった対立するような考え方があります。また「お金のために仕事をしているのではない」と「家族を養うために働いているのだ」などといった考え方の対立もあります。以前にベストセラーになった「金もち父さん　貧乏父さん[★12]」でも、明らかに異なったお金に対する考え方のもち主である二人の父さんが描かれています。

このように多様な考え方が存在すること自体は問題ではないのですが、そこには相反するような考え方が存在していたり、現実離れした考え方があったりと、混乱しているように見えます。この混乱に巻き込まれてしまうと、仕事とお金の関係をうまく調節できず、常に不平不満を感じたり、欲求不満に陥ってしまうことにもなりかねません。もちろん、仕事と賃金の関係は経済学的に説明されますが、感情的には個人の思い込みや先入観などさまざまな心理的要素が複雑に絡み合っているのです。

まず次の例話を読んでみてください。これは、リンドグレン[★13]の著書の中に出てくるお話をアレンジしたものです。

子どもに手がかからなくなったので、ボランティアに興味のあったGさんは、ある福祉団体のボランティア事務員として手伝いをすることにしました。

最初の二か月間は、とても仕事がおもしろく、彼女なりに工夫をして仕事を覚えていきました。しかし仕事に慣れてくると、それまでは気づかなかったことも目に付くようになってきました。

その一つは、団体の正規のメンバーとして働いている人との差でした。彼女は有名大学を出ていましたし、その後も時間を見つけては、福祉やボランティアについての勉強をしてきました。しかし、正規のメンバーは彼女の仕事を重要視してくれませんでした。またGさんは、家庭の事情や、近所づきあいなどの関係で、仕事ができない日もありました。しかし彼女が「この日は都合が悪い」と申し出ても、誰も「それは困る」などと言わなかったのです。Gさんは、だんだんとイライラ感がつのり、欲求不満を覚えるようになっていきました。

事務の手伝いをはじめて半年がたったころ、近くの学習センターで、介護に関する実践的トレーニング講座が始まることを知りました。以前は、福祉を裏側から支えていたいと思っていたGさんですが、トレーニングをつんで現場で働くこともいいかなと、事務のボランティアを断ろうかと考え始めました。

そんなある日、所長に呼ばれました。

「Gさんには、本当に感謝しています。とてもよく仕事をしてくれました。じつは、ある財団から財政的な援助の申し出があったのです。これで新しく職員が雇えます。ぜひあなたを正規のメンバーとして迎えたいのですが、引き受けていただけませんか」

この言葉を聞いて、Gさんが感じていたトレーニング講座の魅力は一気に薄れていきました。彼女にとって、自分の仕事がまったく違った意味をもつようになったのです。この組織が私と、私の仕事を必要としている。自分の仕事に重要性や価値があり、これからも興味をもって続けられると実感できたのです。

さて、あなたはこの例話から仕事とお金についてのどのような関連性を見つけるでしょうか。Gさんにおきた変化は、仕事内容が変化したのではなく、無償のボランティアから賃金の出る正職員へと位置が変わったということだけです。

リンドグレンは二つの点を指摘しています。その一つは、お金はある仕事を重要なものと思わせるという役割をはたしているということ。もう一つは、自分の努力に対して他者が支払ってくれる金額によって自分を価値づけているということです。

この指摘は、妥当でしょうか。これをよりはっきりと考えていくために、仕事ではなくモノを使って考えてみましょう。第一の、「お金はある仕事を重要なものと思わせるという役割をはたしている」点は、「お金はあるモノを重要なものと思わせるという役割をはたしている」と読み替えることができます。商品棚に大きさも見た目もそっくりな豆腐が並んでいて、片方が70円、もう片方が250円であれば、それを見た買い物客はそれぞれにどのようなイメージをもつかを考えてみればよいでしょう。おそらく、高い方は大豆の品質が厳選されていて、製造も手間ひまがかかっているのだろう。それだけの価値をもった豆腐なんだろうと考えるのではないでしょうか。もしこのように考えるのならば、第一の指摘は当たっているといえるでしょう。

第二の点も、お金ではないものに置き換えて考えてみればよいでしょう。たとえば、お礼の言葉で考えてみてもよいです。一生懸命に努力して成し遂げたことに、軽い一言のお礼があった場合と、涙を流しながらお礼を言われた場合、どちらが自分自身や自分の仕事に対して価値や誇りを感じられるでしょうか。努力の価値は自分がいちばん知っているという考え方もありますが、人がどう思ってくれるのか、価値づけをしてくれるのかということも無視できないほど影響力が大きいものなのです。

さて、リンドグレンのいうような仕事と賃金の関係が成立するならば、より賃金が高ければ自分の仕事に対して価値意識や自負心が高まると考えられます。また、それをこなしている自分自身について自尊心が高まるでしょう。このように考えていくと、賃金は自分の仕事の重要性や価値、そしてその仕事をこなしている自分の価値を認識させる役割をはたしているようです。つまり、お金が仕事の意味を見いださせてくれているといってもよいでしょう。

しかし、心のどこかでそんなことはないと否定したい気持ちも沸きあがってくるのではないでしょうか。賃金が高かろうが安かろうが、それは仕事自体の価値、ましてや仕事をしている自分自身の価値とは関係がないはずだ、というような気持ちです。このような気持ちが沸きあがってくる理由として、リンドグレンは「個人としての価値は、われわれが行なう仕事に対して支払われる賃金とはまったく関係ないと信じたいものである」と指摘しています。しかし社会学、社会心理学などでの研究からは、人の価値と関連がないと思っているものでも、関係づけて判断しがちであるということが明らかになっているのです。

では、お金が仕事の重要性や価値の指標だとしたら、安い賃金というのは重要性が低いとか、価値の少ない仕事を意味するのでしょうか。『会社四季報』などの情報誌には、各社の平均賃金が掲載されています。そのような具体的な数字を見なくとも、何となく外資系や金融、総合商社などの賃金は高く、製造業や流通、外食産業などの賃金は安いというイメージをもっているでしょう。確かに業界によって賃金の高低はあります。また同一業界の企業であっても、同一企業内でも賃金差はあります。さて、やはりこのような差も仕事の重要性の差を示すのでしょうか。

おそらくこの辺りまで突き詰めていくと、ノーという回答が増えてくるのではないでしょうか。しかし、豆腐は値段で価値が決まるけれども、賃金では仕事の価値を決められないというのも、何か矛盾していると思いませんか。

このような矛盾があってはならないというわけではありません。ここで指摘しておきたいのは、賃金で仕事の価値を判断してはいけないとか、それは仕方のないことだとかといった問題ではありません。みなさん自身が、仕事と賃金について自分なりの考え方を確立しておくことの重要性です。仕事とお金の関係は、理想論や信念では片付けられない部分があります。やりたい仕事ができれば、収入は二の次だという考え方がありますが、本当にそのような考え方を実践し生活できる人もいますし、そうとは思うものの現実的にはそれではやっていけないという人も出てきます。お金にからんでは、理想と現実のギャップがかなり大きいので、自分なりのスタイルを考えておくこと、そして現実へ対応しなければならないことをきち

んと自覚しておくことが必要です。

## 第3節　現代という時代の影響

### 1　仕事に就く決心をしにくい時代

「仕事だけが人生ではないが、仕事をすることによって自分にとって大切なものが得られるだろうと思う。それに、仕事をしてお金を稼がなければ生活できない。そんなことは何となくわかっていても、今一つ仕事に就こうという気になれない」

このような気持ちは、みなさんの中に、程度の差はあれ存在しているのではないでしょうか。そのために第1節で、自分で働く意味を考え、答えを出しておく必要があると指摘しておいたのです。

働く意味を見つけることは、就職に向けて自分で自分を動機づけるために必要ですが、動機づけを高めたり、逆に押さえつけたりする要因は自分の外にもあります。環境や社会といったものですが、ここではその要因についてみていきたいと考えています。

現代は仕事に就く決心をしにくい社会になってきています。現在の環境は、「働こうかな、どうしようかな」と思案している人の背中を押してはくれないのです。これに対しては、「何で？」と疑問に思われるみなさんもおられることでしょう。では「何で？」と思われる方にお聞きします。あなたは仕事に就く決心ができていますか？

胸を張って「はい」と答えられる方はどれくらいでしょうか。もしかしたら、「他に生きていける道はないから『はい』だ」と考えている人もいるかもしれません。しかし、このような場合には仕事に就く決心ができているとは言えないケースが多いでしょう。なぜなら、「決心」という言葉の意味を取り違えている可能性があるからです。国語辞典をひくと、「決心」とは、苦しくても実行しよう、成し遂げようと、心を決めること、覚悟を決めることなどとされています。すなわち仕事に就く決心ができているということは、就職活動や就職後の職業生活がどんなに苦しくても、それを続けていこうという心構えができている状態をさします。つまり、このような心構えができていなければ、仕事に就くことを受け入れざるを得ないというだけであって、それを決心したことにはならないのです。

では、どんな場合に決心できるのか簡単に見てみましょう。少なくとも、二つの場合が考えられそうです。まず一つは、生活を営むためにどうしても収入が必要

な場合です。自分に養わなければならない家族がいる場合などは、決心はたやすいと思います。自分が収入をもち帰らないと家族が飢えることになるとか、親の手術の費用すら出せないなどといった責任感を伴った窮地にあると、比較的たやすく仕事に就く決心ができるでしょう。

もう一つの場合は、心底からその仕事にほれ込んだ場合でしょう。このような場合には、たとえ収入が少なくてもその仕事に就きたいと思うようになるようです。たとえば、芸能人や芸術家などのように芸で身を立てることを志す場合などは、これにあてはまるかもしれません。テレビなどで、芸能人が売れなかったころの貧乏談などを話している場面が放送されたりしますが、貧乏な状況でさえその仕事を辞めなかったということは、その仕事に対する強烈なほれ込みがあったに違いありません。

このように考えてみれば、自分の家庭に家族を養っていくだけの収入があり、また自分自身、これといって打ち込みたい仕事があるわけでもないという状況では、仕事に就くことを決心するのはむずかしいことになるでしょう。そして現代という時代背景の中では、そのような決心をすることが困難になっていると考えられるのです。風潮に流されてしまうと怖い社会でもあるのです。この節では、この点をもう少し詳しくみてみます。

みなさんには、そんな今という時代を有効に利用して人生を設計する方法を探していただきたいと思います。

## 2 経済的な豊かさ

就職を決心することがたやすい状況として、最低限の生活を営むために、どうしても収入が必要な場合を指摘しました。これを逆に考えれば、生活にせっぱ詰まっていなければ、就職するという選択を避ける、もしくは先送りすることも可能なのです。すなわち、仕事に就こうとする決心をとりあえずはしなくてもよい状況が生まれるといえます。

このような状況を、日本が経済的に豊かになったからだと分析することができます。これをデータから見てみましょう。学校卒業（中退）後、初めて正社員として就職した会社を選ぶとき、どのような点を重視したかということを十五歳から二十九歳の若年労働者に尋ねた調査結果★14があります。その結果、最も重要視されていたのが「仕事の内容・職種」であり、続いて「自分の技能・能力が活かせる」でした。「賃金の条件がよい」という選択肢は、13の選択肢中7番目であり、選択率も5・8％にとどまっています（なお、回答は三つまでの複数選択が許されていました）。もし、学校卒業もしくは中退者が生活に必要なお金を稼ぐためという理由から職業に就こうとしていると考えるなら、この5・8％という数字はあまりにも少なすぎるということになるでしょう。

さらに、このような豊かさを分析すると、若者がお金がない状況に陥らない二つのしくみが見えてきます。その一つは、就職しなくても、パートタイムやアルバイトなどによって、ある程度のお金を稼ぐことができるという現状です。確かに正社員に比べ平均収入は少なくなりますが、複数をかけもちできれば、正社員に近い、もしくはそれ以上の収入を得ることもできるのです。就職直後の者が、「就職して収入が減った（夏休みにアルバイトをかけもちして得た収入の方が多かった）」ということがありますが、このような現状をよくあらわしているでしょう。二〇〇一年に学生援護会が行なった調査では、大学生のアルバイト時給は８００円から１０００円くらいの間にあります。これで単純に計算すると、一日六時間、週に五日働けば、月に10万円以上の収入を得ることができるのです。

もう一つのしくみは、親世代が豊になっていることです。バブルの崩壊後、長い間経済が低迷しており、親世代が豊かになっているという指摘に首をかしげる人もいるでしょう。しかし、データ的には確かに豊かになっているのです。「平成十二年度　貯蓄動向調査」から一九九〇年代を通してみても、勤労者世帯の平均貯蓄額は一九九〇年度の約１０５１万円から、二〇〇〇年度の約１３５６万円へと３００万円ほど増加しているのです。また、学校卒業後数年くらいは子どもが無職、もしくはフリーターとして生活するのを仕方ないとする親も少なからず見受けられます。もちろん、これは家庭事情によって大きく違いますが、平均的に見ると、子どもがかじる親のスネはまだまだ健在な場合も多いのです。

しかし、いくら豊かになった社会とはいえ、働いていない者は収入を得ることができません。一生働かなくても生活に困らないという資産をもっている場合や、不動産をもっていてそこからの収入があるなどということはきわめて少ないでしょう。このように考えると、自分が働かなくても生活できるのは、家族の誰かが働いていられる期間に限られるということになります。

一生生活していくことが可能な資産のある場合は別ですが、多くの人は、いつかは安定した収入が必要になることを理解しているでしょう。しかし、今すぐに絶対に必要というわけではない。そこに生まれてくる意識が、「いつかは定職に就かなければならないだろうけど、とりあえず今は…」というものです。経済的な豊かさがつくり出した、この境界のあいまいさが、仕事に就く決心を鈍らせていると考えられます。

## 3　魅力的なものがいっぱい

まず、仕事と余暇の関係についての意識調査[★15]をみてください。図2－4には、男女別に、仕事を重視した生活を志向するか（仕事志向）、余暇を重視した生活をするか（余暇志向）、その両方を同等に重視した生活を志向するか（仕事・余暇両立）の選択状況が示されており、一九七三年からの志向性の変化が示されています。男女で三つの志向性の比率は違いますが、どちらにも共通する一定の傾向を読み取ることができ

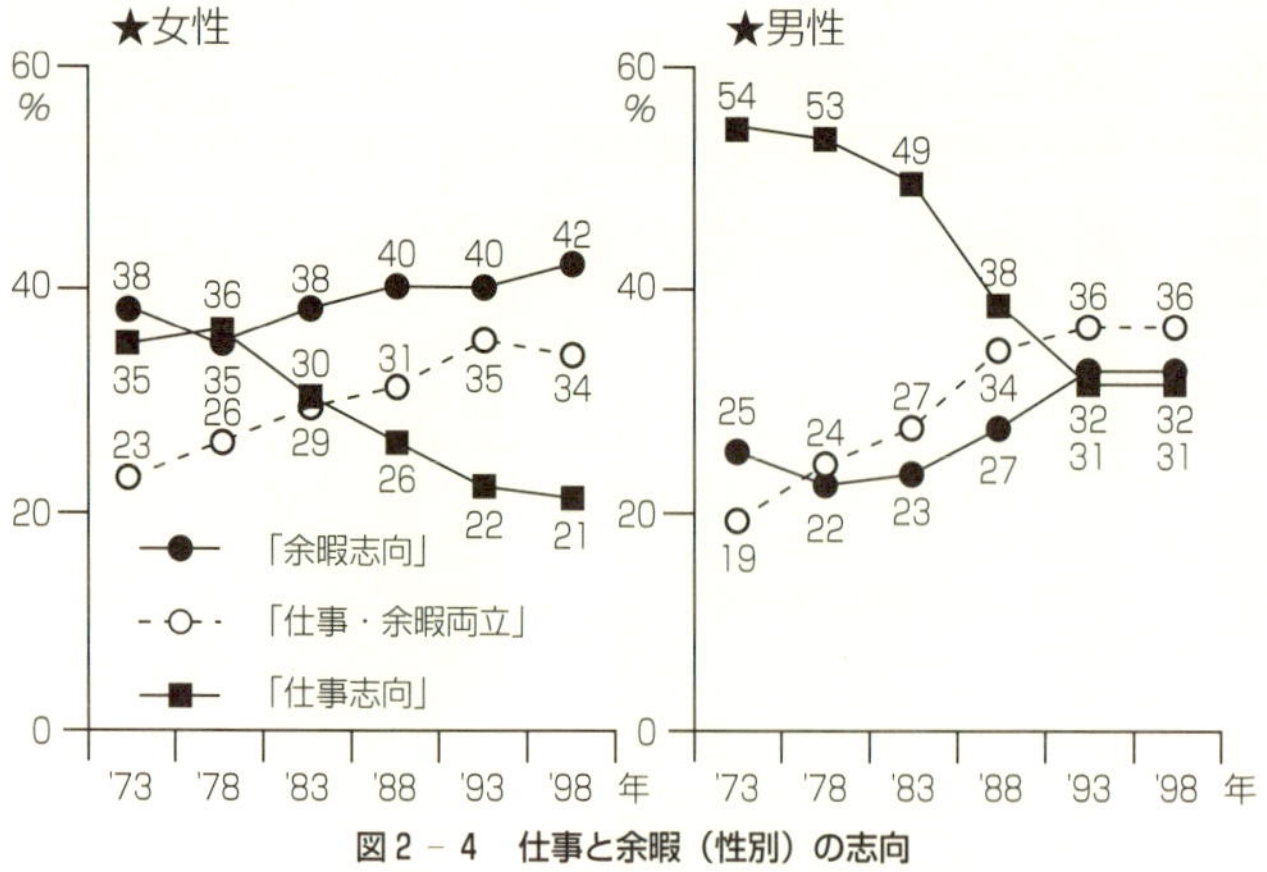

図2－4　仕事と余暇（性別）の志向

ます。それは、仕事志向の減少と余暇志向、仕事・余暇両立の増加です。

さて、みなさんはこのような調査結果から何を感じるでしょうか。

仕事志向が減少し、余暇志向、仕事・余暇両立を志向する者が増加していることは、資料から読み取れる事実ですが、おそらくそれだけを知識として得ただけではないでしょう。たとえば、「仕事志向の人ってこんなに少なくなっているんだ」とか、「やっぱり余暇を大事にしようとしている人は多いんだな」などという感想をもつのではないでしょうか。もう少し発展すれば、「仕事人間なんて、はやらないんだ」とか「余暇を楽しめないほど忙しい仕事なんてつまらないんだ」というような気持ちになるかもしれません。さらに飛躍すると、「余暇を楽しむなら、フリーターの方がいいなあ」になっていくかもしれません。

これがいわゆる解釈なのですが、メディア等はこのような傾向をうまくつかまえて宣伝をします。たとえば、図2－4とともに「余暇を犠牲にしない！　短時間・高収入アルバイト特集」などというコピーをつけて見せられるとどうでしょう。短時間・高収入アルバイトというとなんだか怪しげなものを感じるかもしれませんが、余暇志向、仕事・余暇両立を志向する者が増加していることを示すグラフや「余暇を犠牲にしない！」というフレーズといっしょになると、イメージが変わってきませんか。

このようにして、魅力的なものがどんどん産出されていくのです。その結果、社会には魅力的なものがたくさんあります。それは単にモノだけでなく、考え方や生き方のモデルなども含まれます。たとえば、会社を興して成功した人が取りあげられ、いかに仕事に没入することが価値あることかが示されます。またある時には脱サラをして自然の中で悠々自適な生活をしている人が取りあげられ、人生を充実させるために自然とともに生きることがいかに大切かが説かれます。さらにある時には地域のコミュニティーが取りあげられ、地域社会へ貢献することの重要性が提示されます。これらは一例に過ぎませんが、現在は人の欲求をかき立てる魅力が溢れているといっても過言ではないでしょう。悲しいことともいえると思いますが、消費者金融のＣＭも同様です。

あたり前の話ですが、魅力的なものが多くあれば、どれかを選ぶことはむずかしくなります。役割のところでも触れましたが、葛藤というものが生まれるのです。特に魅力的なものが複数あって葛藤しているときは迷いという感情が生まれ、どれかに手を伸ばそうとすると、他のものをあきらめなければならないので、心残りを感じることとなります。つまり、魅力的なものがいっぱいあるということは良いことかもしれませんが、どれかを選ぶという点では非常にむずかしい状況でもあるのです。

## 4　自己実現？

メーテルリンクの「青い鳥」というお話を知っていますか。絵本やミュージカルにもなっているので、詳しくは憶えていなくても、何となくストーリーはわかるという人が多いのではないでしょうか。

この中で、チルチルとミチルは幸せの青い鳥を探して旅をします。一年という長く不思議な旅から戻った時、チルチルの飼っていた鳩が、捜していた青い鳥であることに気づくのです。そして物語の最後には、その青い鳥もまた逃げて飛んでいってしまいます。

ここでは、「青い鳥」の話をしたいのではなく、時代のキーワードのようになっている「自己実現」という言葉に注目しておきたいと思っています。もともとは心理学用語なのですが、心理学の書籍だけではなく、ビジネス書が並んでいるコーナーに行ってもタイトルにこの言葉が使われている書籍を数冊はすぐに見つけることができるでしょう。「成功」や「幸せ」などという単語とともに用いられることが多く、希望をもたせてくれるイメージを伴った言葉です。幸せの青い鳥を探すことと、自己実現を目指すことはとても似ていると思えるのです。

面接で一緒だった
女の子が
私に話しかけてきたのだが
タカビーに
私マスコミしか興味ないのよね〜
と言い
ま、あなたじゃねー
てなことを言ったが
うーか私は行きたい会社があり、
←金融。
私が内定した「金融」の会社に
そいつもいた↙
マスコミはどーした
マスコミは。

自己実現は、何人もの学者が利用している言葉で、利用する研究者によって若干意味が異なるのですが、最も有名なのはマスローという心理学者が使った self-actualization の訳語でしょう。この自己実現は、自分の潜在的な可能性を最大限に生かすことであり、人間としての成長欲求に動機づけられると考えられています。すなわち、仕事で自己実現をするということは、仕事を通して自分の中にあるはずの可能性、自分らしさを開花させ、さらに成長していくことなのです。

このような欲求が働く者の中にあることは明らかです。それは就職理由や離職理由の上位には、必ず「自分をいかせるから・合っているから／自分をいかせなかったから・合わなかったから」というような内容が出てくることにもあらわれています。しかし、現実的にはどうでしょう。自己実現ができる仕事が、すんなりと見つかると思いますか。また、自己実現は、ある種の仕事に就けば自動的に可能になるものなのでしょうか。

ここでもう一度「青い鳥」を思い出してください。ある人は「青い鳥」についての感想として、このように言いました。

「魔法使いがチルチルとミチルに旅に出ろと言った後に、神様か賢者が出てくればよかったのに。そしてチルチルとミチルに『青い鳥は近くにいるよ。よく探してごらん』と言ったとすれば、わざわざ旅をしなくても簡単に見つかったのに」

さて、もしこのような登場人物がいたとしたら、チルチルとミチルはわが家にいる鳩が青い鳥だとわかったでしょうか。

もちろん想像に過ぎませんが、もしそんなアドバイスがあって鳩をじっくりと眺めてみても、おそらく鳩は鳩のままで、青い鳥にはならなかったのではないでしょうか。チルチルとミチルは、長い旅をしたからこそ鳩が青い鳥に見えたのではないでしょうか。

仕事で自己実現を追いかける姿は、「青い鳥」を探しているチルチルとミチルのように思えます。自己実現は「青い鳥」のように、どこかに行けばそこにあるようなものではなく、自分が打ち込んだ結果として得られる感覚なのです。仕事においては、そのおもしろさがわかるには何年もかかるといわれています。自己実現にたどり着くには、多くの経験が必要なこと、そしてそれはどこかにあるものではなく、身近な生活の中にもあること。そして、「働くことが面白くないからこそ、逆に一瞬の閃光のように輝いて過ぎる『面白さ』が気になってならないのだ」と黒井★16が言うように、いつまでも感じ続けることができるものではないこと。このような点が、幸せの青い鳥と自己実現の共通点のように思えます。

このように考えると、自己実現につながりそうな仕事は、どこにもないということもできますし、

どこにでもあるともいえます。仕事が自己実現を与えてくれるのではなく、どのように仕事に取り組むかが自己実現につながるからです。就職活動における自己理解は、自分にできるだけ適した仕事を探すことに役立ちます。しかし、残念ながらそれは将来の自己実現を保証するものではありません。なりゆきでその仕事に就いたのに、数年、数十年後にはこれこそが自分の仕事だと思えるようになったようなケースは多くあります。興味も関心も適性もまったくないような仕事には、そこまでうちこむことがむずかしいかもしれません。就職活動における自己理解は、自分がうちこみやすいであろう仕事に目星をつけるために役立つだけなのです。

ある人が登場させた神様や賢者のように、「幸せはあそこにある」とか「こうすれば自己実現できる」などと教えてくれる人や本は多くあります。それはまちがった教えではありません。確かに結論からみればそうなのです。しかし、時間と労力を使ってそこまでの過程をたどらないと、けっして自己実現にはたどり着けないものなのです。自己実現を求めて安易に離転職をくり返す人を見ると、特にそう感じます。チルチルとミチルを旅に出させた魔法使いのベリリウンヌのように、「仕事にうちこめ！」と有無をいわさない命令をする人は、めったにいないのではないでしょうか。

## 5　仕事に対する新しい構え

これまで、夢のない厳しいことばかり書いてきました。しかし、現実的にみなさんを取り巻く状況を分析すると、仕事に就く決心を後押しするような要因が本当に少ないのです。だからといって、社会が悪いとか産業構造が悪いとかといっていても仕方がありませんし、それは別に悪いことでもありません。このような時代をどのように生きていくか。この術を考えるほうが現実的で建設的だと思います。この節の最初に、今の時代を有効に利用する方法を探してくださいと問題を提示しておきました。さて、何かひらめいたでしょうか？

社会が個人に早く仕事に就くことをせかさない状況なのですから、個人にとっては考える時間が多くなります。これは従来から心理社会的モラトリアムとして指摘されていたことでもあります。これは心理学者のエリクソンが経済用語から転用したもので、大人社会へ参加していくうえでの準備期間のことであり、そのために社会的な責任や義務から一時的に猶予されているという特徴をもつ期間のことです。

もともとのモラトリアムの意味は、大人社会への準備期間であり、その間に自分はどんな人間なのか、何ができるのか、何をすればいいのかなど、真剣に自分と向き合い、悩みながら模索をする期間とされています。しかし小此木[★17]がいうように、一九六〇年代ごろから新しいモラトリアム心理が芽ばえはじめました。それは、特定の習慣や組織に帰属を強いられたり、義務や責任の遂行を期待されることを避けたいと思うことや、今ここにいるのは仮の自分であり、本当の自分はどこか別にあるという気持ちをもっておきたいと願うこと。何事に対しても一時的なかかわり方をし、いつでもそこから離れる自由を保っておきたいとする傾向や、何事に対しても当事者、生産者であるよりは、お客様、消費者であることを好むなどと特徴づけられています。このような小此木の指摘は、それから数十年を経過した現在の青年の特徴にも十分あてはまるといってよいでしょう。

こうやって並べて記すとわかりやすいのですが、本来的な意味でのモラトリアムでは息苦しい、新しいモラトリアム心理では楽天的すぎる、軽すぎるという感じがしてきます。こうなってくると、さらに新しいスタイルが求められます。息苦しくなく、かといって軽すぎもしない、時代の特徴を利用し、時代に対応できるモラトリアム期間の利用です。そのスタイルをもって、モラトリアム期間を有効に利用しながらチャンスを探していくことは、今の社会だから可能なことではないでしょうか。

その好例ではないかと考えられるケースを紹介しておきます。

二〇〇〇年八月、アメリカ人の一人の少年が日本にやってきました。ある新聞には「米の十五歳　ネットビジネスで日収220万円」という衝撃的な見いだしの記事が掲載されました。新聞各紙が取りあげましたし、インタビューがテレビでも報道されましたので、記憶にある方もおられるでしょう。まず日収220万円（年収に換算すると約8億円）という数字に驚かされたのですが、それ以上に興味を引かれたのが次のようなコメントです。

「帰る家もあるし、食事も着る物も用意してもらえる。若いからこそビジネスに挑戦できる」

自分の置かれている状況を理解したうえで、それを何とか活用してやろうという意識がよくわかります。十五歳にして、その知恵を身に付けていることに驚かされます。その後、彼の会社は整理され、現在その会社はありません。だからといって、彼の行動がむだだったとは思われません。彼はその後もビジネスの勉強を続けているという報道を見ました。

また日本でも、興味深い動向があります。大学生の起業家は珍しくなくなってきましたが、高校生の起業家もあらわれてきました。ある雑誌[★18]に取りあげられていた高校三年生は、起業家養成講座に通いながら二年生の五月に起業し、現在は2社の取締役という肩書きをもっています。「いろんな起業志望者の話を聞くと、結局『やっぱりムリや』って逃げちゃう人が多いんですよ。だから自分は逃げずに追い込みたかったんです」「起業後、ビジネスチャンスをつくるためにも企業家の交流会によく参加するんです。中には高校生ってことで、はなからケンカ腰の人もいます。でもそうして叩かれて強くなっていく自分を感じます」と語っています。

みなさんは、この二人の行動をどのように考え、評価するでしょうか。彼らの行動は、遊びではなく、かといって人生を賭けた博打でもなく、衣食は足りているという自分の背景を活かしたチャレンジであると考えられます。本来的な意味でのモラトリアムの肩に力が入ったような堅苦しさも少なければ、お客様的で逃げ腰的な軽さの印象も少ないのです。今という時代を有効に利用した取り組みの一例といえるでしょう。

## Bさんへのアドバイス　——章のまとめにかえて——

Bさんが望んでいるように、フツウに人生がおくれたらいいですね。世の中の多くの人が、同じように思っているのではないでしょうか。

しかし、多くの人が望むものの、なかなか実現できない生き方です。この章で書いてきたように、まわりの人たちと歩調をあわせて生きられる時期はもう終わります。合わせたいと思っても、それぞれの人がもつ内面的特徴や外面的特徴、その人をとりまく家族、歴史、経済などといった環境などに違いがありすぎて無理なことになるのです。

残念なことですが、フツウに生きようとしている人がこのような壁にぶつかると、やるせない気持ちになります。「ただフツウに生きたいだけなのに、なぜフツウにさえ生きられないの」と。

すでに就職活動に入っているBさんには、まずは自己PR対策の本を読んでみてほしいと思います。そして、それにしたがって自己PRを考えてみてください。

いくつか読んでみるとわかると思いますが、自己PRの成功と失敗なんて紙一重です。何をどういう切り口で表現するかで決まる部分も多いのです。

この本は、マニュアルではありませんので、どうPRすれば効果的かという話はしません。しかしBさんが自己PR対策をたてようとするときには、必ず自己分析が必要になってくるでしょう。これを進めていけば、フツウだと思っていた自分がフツウではないことに気づくと思います。似たような環境で育った人、似たような性格の人、似たような成績だった人。一つ一つの側面を見れば、似たような人はたくさんいるでしょう。しかし、誰かとの比較ではなく、自分のたどってきた道のりや考え方、夢などを一つ

にまとめてみると、それは他の誰でもないBさんという人間が浮かびあがってくると思います。

そして、Bさんはどのような生き方をフツウという言葉を使っているのかを考えてみてください。この章で書いてきたような現代において、Bさんのいうフツウが、どのような役割をいつごろ引き受ける生き方なのか、どのくらいの収入を得なければフツウになれないのかなどと考えを進めてください。フツウに生きていきたいわけですが、そのフツウがBさんの理想的な生き方となるはずです。

このようなことを考え始めたとき、おそらくBさんはフツウという言葉を使わなくなっていると思います。そして、それまでとは違った見方で、自分自身や身のまわりのこと、仕事のことやこれからの生活を見ていることに気づくのではないでしょうか。

しばらくはたいへんだと思いますが、考えつづけてください。

# 第3章　選択という行為

## Cさんのケース

困ったなあ…

Cさんは、机の上と本棚にぎっしりと並ぶ資料を見ながらつぶやいた。各社のパンフレットはもちろん、業界誌や会社四季報、就職雑誌、自己分析用のワークブック、新聞記事のスクラップブック…。もちろん常時接続のインターネット回線も引き入れている。整理上手なCさんは、完ぺきなまでの情報収集と整理をすませているように見える。

手元にあるパンフレットを見ると、T社の南の海を一望できるリゾートホテルの写真が目に飛び込んでくる。でも近くにできた新しいホテルに客を奪われているってネットに書き込みがあったな。

世界トップシェアを目指すメーカーH社の戦略も夢があっていいなあ。でも英語はあまり得意でないし、二百人の希望退職者をつのったのもつい最近のことだったんじゃないかな。

適性検査の結果は教育や福祉系に適性があるって出ていたなあ。両親は地元に戻ってこいってうるさいし。だけど自宅から通うもの楽でいいかも。地元の公務員でも受けてみようかな。

でも今いくら考えたって将来はどうなるかわからないし、それならいっそのこと適当に選んでも問題はないのかなあ。

…どうするかなあ

就職活動をはじめると、それこそ山のように情報が入ってきます。でも、情報を集めただけでは何の意味もありません。レポートを書くときと同じで、それをある目的のために整理してはじめて意味が生まれてくるのです。

そのため、どのように自分の集めた情報を活用できるかということがとても大切になってきます。そのために自分の集めた資料を整理し、今の自分にとって本当に必要な情報はどれであるのかを考えたり、不足している情報がどれであるのかについて考えていくことです。同一業界の会社20社のパンフレットを一冊のバインダーに綴じたからといっても、それは整理したことにはならないでしょう。整理する目的は自分の希望する仕事を決めるためなのです。その目的に役立つような整理をする必要があります。

この章では、数ある情報をどのような観点から整理して、選択・決定にむすびつけていくのかということについて、意思決定理論を参考に考えていきます。

# 第1節　進路を選ぶということ

## 1　進路決定はなぜむずかしいか

進路決定はむずかしいということをよく聞きます。なぜむずかしいのでしょうか?

私たちは日常生活のいたるところで選択や決定を行なっています。お昼のメニューを決めることも決定ですし、曇り空の時、傘をもって出るか、もたずに出るかを決めるというのも決定場面です。確かにメニューを決めることも、傘をもつかどうかを決めることもむずかしいといえばむずかしいのですが、進路決定の悩みのようにどうしたらいいかわからないというようなむずかしさではありません。どこが違っていてむずかしいのでしょうか。まずはこの進路を決めることのむずかしさを考えてみることからはじめましょう。

むずかしいと感じる理由の代表的なものは、どうしたらよいかわからないからむずかしいというものではないでしょうか。現在もそうでしょうが、中学校や高校の時、先生から「進路については、自分の興味や関心がどこにあるかを考えて上級学校のことをよく調べて、じっくり考えて決めなさい」などというアドバイスを受けたことがあると思います。でも「そうか、じっくり考えて決めればいいんだ」と思っても、「じゃあ、どう考えればいいの」と、すぐに思考が止まってしまった経験をもっている人も多いことでしょう。では、なぜ思考が止まってしまうのでしょうか。

答えは簡単です。どうやって考えていけばよいのかを知らないからです。日常生活のいたるところで決定を行なっているにもかかわらず、決めるときの考え方を知らないのです。おそらくみなさんの多くは、決め方にはどんな種類があって、どのような長所や短所があるのかといったことについて学習したことはないと思います。そのため知らなくても仕方がないともいえます。だからむずかしいと感じるのです。

次に、将来のことを決めることだからむずかしいということがあります。進路の決定は決定直後だけではなく、その後何年にもわたって自分の生活に影響することになります。それを知っているために「一度この進路を選んでしまったら、取り返しがつかないかも」という不安が引き起こされたりします。また採用の合否は自分の意思では決定できないので、その進路に絞るのが不安な場合もあるでしょう。

その職種に関心があるとか、自分の適性に合っていると思って入っても、実際職業生活を経験したら、そうではなかったことがわかることもあります。しかし同時に、どうなるかわからなくて不安に思っていても、まわりの人の助けをかりたり、自分でさらに努力することで、より良い方向へ向かっていくことがあることも経験的に知っているでしょう。将来のことはこれまでの経験からさまざまな想像ができますが、不確定な要素が多すぎて、とても予測しにくいと感じるのです。だからむずかしいと感じるのです。

さらに情報量の多さに圧倒されることもあるでしょう。各種のメディアを少し注意してみていると、時事関係の多くのニュースがあります。進路決定にかかわりそうなものだけでも、社会や政治の状況、経済の状況、その業界の企業の状況、雇用状況などとても広い範囲があります。ウエブサイト上にも多くの情報があり、企業のビジネスや具体的な求人情報を検索しやすくなってきましたが、量が膨大なので検索のキーワードをもっていないとネットサーフィン中に情報の海に溺れてしまうことにもなりかねません。また社会や企業に関するものばかりでなく、自分に関する情報も集めるようにアドバイスされると思います。適性テストを受けてみたり、まわりの人から自分に対するイメージを聞き集めてみたりして、これらの情報を集めていくことになるのです。

情報の量という側面から見ると、進路決定の場合は、日常の決定場面よりも考慮すべきものが多いのです。ですから知らないものが多いことに不安を感じると、いろいろな情報を得ようとしますが、これはさらに情報量を増やすことになります。そして扱いきれなくて困ってしまうということになるのです。

さらに選ぶときの選択肢や基準があいまいで、絶対的なものがないという点も、進路決定をむずかしいと思わせる原因になります。日用品を購入しようとしてお店に行けば、そこにはたくさんの商品が並んでいます。その中から買うものを選択するのですが、これはつまり、選択肢の候補が目に見える形で並んでいるという状況です。またどれを選ぶかという選択の基準も自分の好みのイメージを描きやすく、値段という基準も数字としてあらわされているので比較的明確な場合が多いのです。たとえば「白色で

15万円以下のパソコンがよい」などと具体的に表現できます。

しかし進路決定の場合には、「将来の進路」そのものが選択肢になるわけです。どこにいっても、そのようなものを並べてあるところはありません。見たり触ったりして選ぶことはできないのです。自分が知っている情報からイメージして考えていくしかありません。

また選ぶ基準もはっきりといいあらわせない場合が多く、漠然とした基準であったりします。「より良いところ」とか、「やりがいのある仕事」を基準としてあげる人も多いのですが、この条件は個人の価値観と関連していて、明確にすることがとてもむずかしいものです。たとえば「やりがい」を選択の基準にするためには、「やりがい」がどのような内容であり、どうすれば「やりがい」を得たことになるのかということを自分自身でしっかり考えておかなければなりません。しかし、私の「やりがい」っていったい何なんだろうと考えることが、またむずかしいのです。

最後にやる気というか、関心の問題があります。それほど多くの人がこのような状況だとは思いませんが、これまでも何とかなってきたので、就職も何とかなるだろうと楽観的に考えていたり、まわりの友人が就職活動を始めているから自分もやらなくてはいけないなと思ったり、先生や親にせかされるから就職活動をはじめようかなと思う人も少なくはないでしょう。このように、自分自身の中で進路決定へのやる気や関心が少ない場合もあります。そうであればなかなか就職活動に身を入れることができません。「まだ大丈夫」と思ったり、とりあえず内定をもらえそうな会社を探そうなどと、時間まかせ、他人まかせの態度になってしまいます。そうならないためには、進路決定を自分の問題として強く意識するという関心が特に重要なのですが、関心の低い人にはむずかしいと感じさせる原因になっているかもしれません。

さて、進路決定はなぜむずかしいかということについて考えてきました。確かに進路決定はむずかしいのです。この章を通して、このむずかしい問題を解きほぐして、少しでもすっきりと進路決定の問題を考えられるようになっていただければと思います。

## 2 決定の特徴

もう一つ、最初に理解しておいてほしいことがあります。それは、進路決定も含めた、意思決定の特徴についてです。

まずは、Rさん、Hさん、Tさんの三人の進路選択を見てください。

Rさんは、自己分析を集中的に行ない、いちばん自分に合いそうな小売業界を目指すことに決めました。しかし小売業といっても多くの企業があり、どこにエントリーするのがよいのか迷いに迷ってしまいました。そこでとりあえず良さそうな10社を選んで、サイコロを使ってエントリーする順番を決めました。

Hさんは就職情報誌を使いました。そしてある雑誌に広告を掲載している会社に、ページの順にエントリーすることを決めました。

Tさんは、これからの社会を考え、福祉関係、食品関係、通信関係の企業が有望だと判断しました。そして自己分析の結果、最も適性が合っていた食品関係に絞り込みました。さらに通勤の便や給与、セミナーでの雰囲気を加味して、エントリーする順番を決めました。

さて、Rさん、Hさん、Tさんのうち、どの人の活動が「最も望ましい」のでしょうか？もしかすると、「バカな質問だ」と思う人もいるかもしれません。しかし、あえて質問しているということは、答えはそう簡単ではないということなのです。

多くの人は、Tさんの活動がいちばん望ましいものだと考えたかもしれません。しかしこれは正答ではないのです。これだけの情報からでは、どの人の活動が最も望ましいのかということは判断できないというのが正答です。なぜだと思いますか。

唐突ですが、将棋のプロを想像してください。多くの駒があり、どの駒を動かしても構わないのですが、最初の一手や二手目、三手目といった序盤から長い間考えていることもあります。次にどの駒をどう動かすかという意思決定をしているのですが、この時の良い決定は少しでも勝ちにつながる一手を決めることです。そうでない手は悪い決定なのです。

このように、意思決定を評価するためには、まず何のために決定しているのかという目標が必要になります。それに照らしあわせてはじめて、良い決定とか悪い決定とかという評価ができるのです。

では、このような観点をもってRさん、Hさん、Tさんの決定を見てみましょう。ここでは三人の目標ははっきりとはわかりません。たとえばRさんが小売業ならどこでもよいという目標だけをもっていたならば、適当に10社を選んでサイコロを使ってエントリーする順番を決めたとしても、それは目的にかなっているのです。Hさんの場合も同じで、職種も業種も何だってかまわないということであれば、Hさんのやり方は悪いものではないのです。みなさんは「そんなに単純な条件だけで選ぶというのはふつうではない」という想像を働かせたために、Tさんという答えを出したのだと思います。しかし意思決定をする場合には、それぞれの人が何を目標とし、何を踏まえて決定したいと考えているのかによって、最善のやり方は変わってくるものなのです。

また、みなさんの中には「将来のことを考えたって、現実の生活では予想もしなかったことが起こるので、予測通りになるかどうかわからないし、むだではないか」と思っている人もいるかもしれません。確かに将来は自分の思い描いた通りになるとは限りません。それは第2章で見たように、特に自分を取り巻く社会・経済状況が常に変化していますし、さらに私たち自身の価値観や態度も変化するからです。

ここで、もう一度将棋のことを考えてみてください。プロの棋士がどれだけ先を読んでいたとしても、想像もしなかった局面に陥ることがあります。だから先を読んだってむだだといえるでしょうか？　先を読まなければもっと早くに負けていたかもしれません。先を読むということは、絶対に勝てる手を探すことというよりは、できるだけ勝ちに近づこうとする努力なのです。負ける原因となるような手をできるだけささないようにするためのものでもあるのです。

意思決定にはこのような性質があります。もし目標が漠然としていたり、選択の基準がない場合には、どういう決め方をしてもよいのです。そして、その結果についてはそれなりに満足することができるでしょう。しかし、目標や選択の条件や基準が明確にある場合にはかなり慎重に意思決定を行なっていく必要があります。しかし、それは将来にわたって絶対的に良い結果となることを保証するものでもありません。将来を予測する時点で最良と思われるものを選ぶということなのです。まずはこの特徴を知っておきましょう。以下では「決定する」ということを身近な問題から詳しく見ていきます。

## 第2節　意思決定理論

### 1　賢くお昼のメニューを決める

進路決定は、これまでの章でみてきたように、社会情勢や企業の動向はもちろん、自分の興味や関心、能力、価値観などの適性について、さまざまな事柄を同時に考えていかなければなりません。ですからそのプロセスはかなり複雑なものに思えるかもしれません。ところが、私たちの日常的な行動を選択・決定したり、ものごとを判断していくといった意思決定のプロセスとそれほど違ったものではないのです。

そこで、日常の生活の中での意思決定プロセスとはどのようなものであるのか、少し分析的に考えてみましょう。例として、私たちがお昼のメニューを選んでいくプロセスを考えてみます。お昼休みになったのでランチを食べようと思いレストランに行きます。そして、そのレストランのメニューを眺めてみるとさまざまな種類があります。もしかすると、とりあえず今いちばん食べたいものを注文するかもしれません。またサイフの中にある予算を考えて、その範囲内で何が食べられるのかをまず大雑把に考えてみることもあるかもしれません。さらに朝に何を食べたのか、前日の夕飯に何を食べたのかなども考えて決めることがありますし、いっしょの人がいれば、その人が何を注文するのかを考えて決めるかもしれません。そしてそれらの選択条件を考えあわせて、最も望ましいと思われる料理を注文するでしょう。

また注文した料理が出てきて、実際にそれを食べてみると、とても満足することがあるかもしれませんし、逆に後悔することもあるかもしれません。それは、自分が想像していたものと実際に出てきたものが違っていたのかもしれないですし、あまり吟味せず選んだからかもしれません。

お昼のメニューを決めることを描写してみましたが、やはりゴチャゴチャしてきますね。そこで順序を追いながらさらに単純にしてみましょう。

①お昼ごはんのメニューを選ぶのだということを決める
②メニューをみてどのような料理があるのかを知る
③料理の味、価格、自分の好みなど決めるための条件や基準を考える
④料理の味、価格、自分の好みなどの条件ごとに、それぞれのメニューの望ましさを考える
⑤その中で最も望ましいと考えられるメニューを選ぶ
⑥そのメニューを選んで良かったのかどうかを感じる／考える（満足する場合と後悔する場合がある）

どうでしょうか。かなりすっきりとしたのではないでしょうか。このように視覚的に、順を追ってとらえられるように表現してみると、混乱していた意思決定のプロセスがはっきりわかってくると思いま

す。

では、これを使っていくつかのことを考えてみましょう。まず順序ですが、この並び順以外の順序が考えられるでしょうか。

①は最初になくてはならないでしょう。あえて言わなくてもと思う人もいるでしょうが、まずこのような目的がなければ、決めるというプロセスは始まらないのです。次に②ですが、③と入れ替えても大丈夫そうです。しかし、②、③ともに④で考える材料になるので、それ以上後ろには置けないことになります。④、⑤、⑥は、もうこの順番しかありませんよね。このように、②と③は入れ替わる可能性がありますが、それ以外はこの順序しかありえないことになります。お昼のメニューを考えるという日常的な作業は、適当に決めているようにも思えますが、じつはきちんとした順序にそって考えているのです。

次に、それぞれの段階を踏まなければ何が起きるかを考えてみましょう。もし①のような目標がなければ、決めるというプロセスは始まりません。ですから必ず必要です。②もやはり必要です。メニューがなくお昼は定食のみというお店もありますが、もちろんそこでは選択という機会はありません。複数のメニューがあってはじめて、選択ということがおきるのです。③はどうでしょう。お金が十分にあって、食べられるものなら何でもよいという時もあるでしょ

う。そのような時ならば、③のステップはなくてもかまわないでしょうか？ ちょっと先に進みます。④ですが、もし③で重要な条件があると、このステップを省くわけにはいきません。たとえば500円しかもっていなかった場合では、消費税を入れて500円以下のものしか選べないのです。800円のハンバーグ定食がどんなに食べたくても、注文できるものから除外しなければなりません。ところで、先程答えを出さなかったお金が十分にあって食べられるものなら何でもよいために、③を省いた場合について考えてみましょう。何でも注文できるから問題はないのではないかと思えるのですが、だからといって全部を注文するわけにもいきません。多くの中から数品に絞り込む必要があるのです。つまり③がなければこの絞り込みができなくなります。そこで、③はやはり必要ということになります。

次が⑤ですが、どれかに決めないと注文できません。注文できなければ、いつまでたってもお昼を食べられないことになります。だからこのステップは必ず必要です。

最後の⑥ですが、お昼は食べられたのですから、なくても問題はないでしょう。しかし、「おいしかった！　おなかも満足！」という感想になれば、メニューの決め方はうまくいったということになります。意識して積極的に評価しようとしなくても、満足とか不満とかといった感情が生まれてくるのです。そして不満だった場合には「失敗した！」となります。言うまでもありませんが、何に失敗したかといえば、メニュー選びに失敗したということです。

最後に、これを使って失敗する可能性の低い決め方を考えてみましょう。失敗したと感じるのは、⑤

で選んだものと自分が思い描いていたものが違ったということです。なぜ違ったものになったかというと、⑤にいたるまでのどこかにその原因があると考えられるのです。

もし①で目標を見失っていたら、お昼を食べようとしていたのに、おやつ用のケーキセットを注文してしまっていたというようなことになります。また②で失敗していたら、隣の席で食事しているのを見て「そんなメニューがあったとは！」ということになりがちです。さらに③で失敗していたら「昨日のお昼と同じだった！」ということになったり、支払いの時に「お金が足らない！」なんてことになってしまいます。④で失敗すると、これは後悔のバリエーションがたくさんあるように思いますが、「やっぱり、あっちの方がよかったかなぁ」という思いが残ってしまうことになりがちです。もちろん⑤ができないと、決められなくてずっと注文が出せず、注文をとりにきた店員に早くしてほしいと怒られてしまった、なんてことになるかもしれません。

このように、意思決定をステップに分け、それぞれのステップの意味を理解することで、意思決定をする際に順序だてて考えることができるようになります。そうすると、ステップごとに何を考えなければいけないのか、どのような情報が必要なのか、あるいは不足しているのかに気づくことできるようになるでしょう。その結果、ステップごとに自分の判断を自分自身でチェックすることができるようになります。そしてこのことによって、できるだけ選択後の後

悔を減らすことができるようになるでしょう。

私たちはこのような選択・決定のプロセスをたえず続けていますが、ふだんはほとんど意識することがありません。ですから、先のように順番を整理しても「はじめて知った」という感想ではなく、「そういわれれば、そうなんだ」と感じるのではないでしょうか。意思決定のプロセスをしっかりと意識することは、最後に考えてみたように、できるだけ後悔する可能性を減らすことにつながるのです。

## 2　進路の決定プロセスにおけるポイント

先には、お昼のメニューを決めるというプロセスを例にして考えてきました。このような具体例ではなく、一般的な意思決定のプロセスは次のようにあらわすことができます。

①選択の目標を定める
②選択肢を考える
③選択の条件や基準を考える
④それぞれの選択肢の望ましさを評価する
⑤選択肢を選ぶ
⑥結果を評価する

どのような決定がよいかを予測するためにシミュレーションをするようなときには、このプロセスを何度もくり返すことが可能です。シミュレーションの結果をもって評価し、選択した結果に満足できない場合には、②の選択肢を考えるステップや③の選択基準や条件を考えるステップに戻って、もう一度検討し直すことができます。

では、このようなプロセスを使って、本題である「進路決定」のプロセスとポイントについてもう少し詳しくみていきましょう。

進路を選び決定していくためには、たくさんの情報を集めたり、その集めた情報を十分に活用して考えていくことが必要なのですが、この過程は先の意思決定の場合と同じように、次のような段階に分けて考えることができます。

①進路を決定する目標と計画を立てる
②進路の候補（選択肢）をあげる
③進路選択の条件と選択基準を考える
④選択条件と基準によって進路の候補（選択肢）の望ましさを評価する
⑤進路の候補（選択肢）を絞る
⑥選ばれた進路について満足かどうかを評価する

この進路決定のプロセスを説明していきましょう。まず、①の進路決定のための目標と計画を考えることが大切です。それは、自分自身の進路をいつまでに、どのように決定するのかということをおおまかに考え、計画を立てていくことです。

職業選択の場合には、就職活動を始めるまで時間がある時には、就職活動をいつ始めるのか、それまでに何を考えておいたらよいのかの計画を立てます。さらにそのために、現在どのような活動をしたらよいのかについておおまかに考えることが大切です。就職活動が間近に迫っている時には、きちんと期間を区切って具体的な行動目標と計画を立てていくことが必要になります。

このように見通しをもち、計画を立てていくことは、自分自身で進路を決定することにつながります。その時に思い出してほしいのが、何度も出てきている意思決定のプロセスなのです。それによって、進路を決定していくために、どの段階でどのような活動を行なう必要があるのかということがわかりやすくなり、計画や準備をしやすくなると思います。

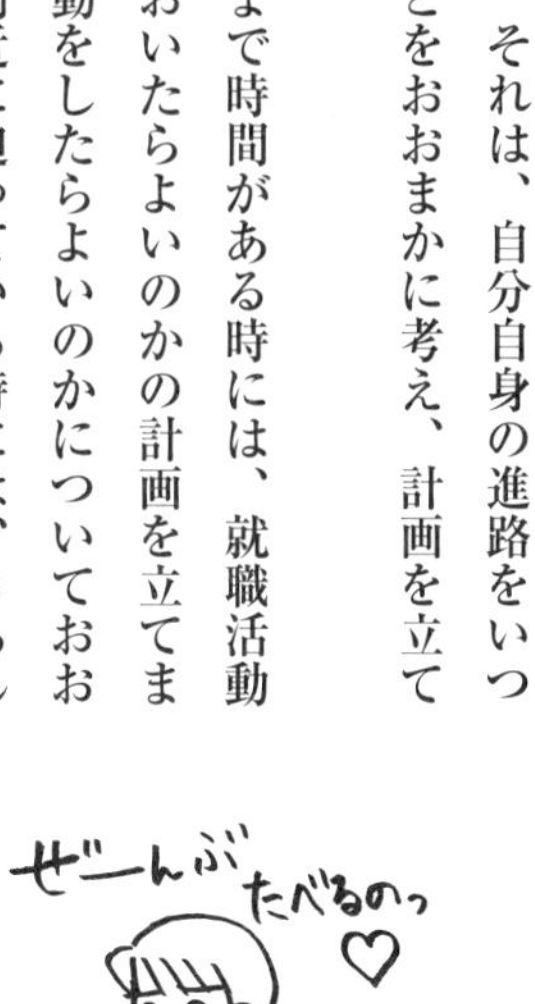


次の②の段階は、いくつかの進路の候補を具体的にあげていくことです。この候補の内容については、進路決定の時期により少し異なっています。たとえば、入学後まもなくであれば、就職か進学か、あるいは一般企業、公務員、教員かなどの職業名、あるいは、営業職、企画などの職種名などのおおまかな

候補を考えることが多いと思います。また就職活動が近くなってきた場合には、S社、F社、A社という具体的な会社名、あるいは、さらに詳しく、S社の営業職、F社の企画営業、A社の海外営業などのようにより具体的な候補を考えるでしょう。しかし、お昼のメニューの失敗例と同じく、この段階で知らなかったものや候補に入れなかったものは選ばれる可能性がまったくありません。そのため、最初から選択肢をあまりにも絞っておくことは得策とはいえないでしょう。

③の段階は、選択条件やそれに対する基準をどのように考えるのかということです。この選択の条件と基準は、たとえば給与や昇給のシステム、勤務地や勤務形態、仕事が自分自身の興味や関心に合っているか、自分の能力をどれだけ生かせるかなど多様にあります。さらに実際の選択をする場合には、これらの選択基準について、どれをどの程度重視するかということがとても重要になります。ですから、条件についてその重要さの程度も併せて考えておくと良いでしょう。なおこの選択条件がないと選べないことにもなります。

さらに④の段階では、②であげた進路の候補それぞれについて、③で考えた選択条件とその基準によって望ましさを評価し、⑤ではそれをもとにどれがよいのか候補を絞っていきます。この進路の候補を選んでいくための選択基準は、③で明確にできていることが望ましいのですが、必ずしもその通りにいくとは限りません。実際に選択する段階になって、新たな選択条件や基準を思いつく場合もあります。

しかも後で述べるように、選択方法や選択のためのルールはさまざまな種類がありますので、ルールを使い分けることも大切になります。この選択のルールの種類については後で詳しく説明します。

最後に、絞られた結果が、最初の目標に照らして満足のいくものであるかどうかについて評価します(⑥)。もし選択の結果に満足できればそこで決定は終わりになりますが、もし満足がいかない場合にはもう一度最初に戻って、どこに問題があったかを考えます。再度情報収集を行ない、候補を広げたり、選択条件や基準、さらに選択のルールを変えてもう一度選択を行なうことになります。

この進路決定のプロセスを通して特に大切なポイントは、選択肢を考える時、選択条件とその基準を考える時、さらに選択基準を適用して候補を絞っていく時に、さまざまな情報を活用している点です。具体的には、進路の候補や選択条件を考えるためには、自分自身に関する情報と進路先に関する情報が必要となります。

このうち自分自身の情報とは、第2章でみてきたような情報のことです。自分自身の興味や関心、価値観、能力などの適性、自分がどのような仕事をやってみたいのか、あるいは、できそうな仕事にはどのようなものがあるのかなどといったことの他に、進路決定は自分の将来の生き方と深くかかわる問題ですから、そのことも含めて候補を考えていくことがポイントとなります。

そしてさらに、第1章でみてきたように社会経済状況、とりわけ職業世界をとりまく情報についても知る必要があります。昨今のような会社の人事システムが年功序列から成果主義へ移行しつつあるときには、各社の詳しい情報を集めることも大切でしょう。さらに、どのような人材を社会が求めているのかという、より具体的な就職先の求人情報も必要となってきます。社会の動向については、新聞や雑誌、テレビなどのマスコミの情報を検索してみることが必要ですし、また具体的な就職に関する情報であれば、就職担当窓口へ行って情報をもらったり、就職している先輩から直接話を聞いたりすることも有効です。また、インターネット上にもさまざまな情報交換の場があるので、そのような場に参加することによってもたくさんの情報が得られます。

なお、最初に情報の量が多いことが進路決定のむずかしさの原因の一つといいました。しかし、ここでは情報をたくさん集めるようにアドバイスしました。もしかすると、矛盾しているように思えるかもしれません。しかし、情報の量が多いことはむずかしいと感じる一因ではあるものの、さまざまな情報は必要不可欠なものでもあるということが理解できれば、多いこと自体が問題なのではないということがわかってもらえると思います。現時点で最大に満足できる選択肢を決めるためには、自分のもっている情報のうちのどれが活用できるのか、また不足している情報はどのようなものであるのかについて考えるといった、どの選択肢が望ましいのかを評価していくための情報の扱い方が重要なのです。

# 第3節　情報と決定のルール

## 1　決定のルール

これまでの話から、進路決定は日常的な意思決定のプロセスとほとんど変わらないことがわかっていただけたと思います。しかし進路決定の場合は、候補となる選択肢と選択条件や基準が日常の場合よりもかなり多く、また複雑に絡み合っていて予測しにくいものであるということも理解していただけたのではないでしょうか。

最初に、人は意思決定方法について意識していないし、方法も知らないと指摘しておきました。これは意思決定のプロセスの中にある「選択基準によって選択肢の望ましさを評価し、それをもとに選択肢を選ぶ」という意思決定のルールの部分を意識していないということでもあります。しかし大量の情報を使って決定する中心的で重要なところなので、ここが不明確だとそれまでの努力が水の泡になってしまいます。そうならないためにも、具体的にどのような意思決定のルールがあるのかを見ておくことも必要でしょう。

通常あまり意識していないものの、私たちは大きく二種類の選択ルールを使っています。その一つは、選択肢の数が少ない時や選択条件が少ない場合に使うもので、すべての選択条件を使って評価を行ない、最も望ましいものを決定するルールです。たとえば15万円をもってパソコンを買いに行ったとしましょう。そこにはほとんど同じ価格三つのパソコンがありました。その一つはＤＶＤが使えるという特徴をもっていました。二番目のものは、ＤＶＤは使えませんが五つの魅力的なソフトが付いていました。最後のものはＤＶＤもソフトもありませんでしたが、とてもスマートで美しいデザインのものでした。みなさんなら何をどのように考えて一つを選びますか？

おそらくＤＶＤは必要だろうか、ソフトはまだもっていない種類のものなのか、机のまわりとパソコンのデザインは合うだろうかなどと考えるのではないでしょうか。そして、デザインはどうでもいいけどＤＶＤは見たい。だけどソフトはもっと魅力的だななどと考えて選択することだと思います。つまりすべてのパソコンに対して、その特徴のすべてを使って評価を行なっています。このような選択ルールを「補償型ルール」とよびます。

さてもう一つの選択ルールは、選択肢の数が非常に多い場合、あるいは選択条件の数が多い場合に使われるものです。このルールでは、一部の条件に注目して選択肢を絞り込みます。これも例を使って説明します。先と同じように、15万円をもってパソコンを買いに行ったとしましょう。訪れたのはパソコンの専門店で、新品から中古品まで百台近くのパソコンが並んでいました。あなたならどのようにして買う一つを選びますか?

まず15万円しかもっていないので、それ以上のものは対象になりません。また新品がほしいのであれば、中古品は除外されるでしょう。さらにＤＶＤを見たいのであれば、それが使えないものを除外します。

このように、まずは価格という条件を使って、それに合わないものを排除し、さらに新品か中古品かという条件を使って合わないものを除外しています。つまり一部

5万しか
もってないけど
最新のDVD付き
ソフトはぜーんぶつけて
ねーよ。

の条件を使って選択肢を減らしているのです。このような選択のルールを「非補償型ルール」とよびます。先の「補償型ルール」とは、まったく違ったルールであることがわかると思います。

非常に多くのものから一つを選択する場合には、通常「非補償型ルール」を用いて、ある程度まで選択肢を絞り、少なくなってきたら「補償型ルール」を使って選択を続けるといったことを行なっています。また、選択の基準が「よりよいもの」「より安いもの」などという相対的な場合には、相互に比較をする「補償型ルール」を使うことが多く、選択の基準が「何万円以下」とか「黒色のもの」などのように絶対的な基準である場合には「非補償型ルール」が使いやすいものになります。さらに非常に重要なことを決める場合には、慎重に判断しようとして多くの条件を考慮して決めようとするため「補償型ルール」が用いられます。日常的でくり返し行なっているような場合には、その場で思いついた条件を適用するといった「非補償型ルール」が用いられやすいのです。

このように選択・決定の状況やその問題の種類によって、われわれは無意識のうちにルールを使い分けているのです（なお、それぞれのルールの詳しい説明は補章を参考にしてください）。そのため、進路を選択する場合にもこのようなルールを使おうとします。しかし進路決定のような判断の誤りが少なく、できるだけ後悔する可能性の少ない選択をしたい時に、このような日常的に使っているルールを利用してもよいのでしょうか。

## 2　規範的な決定ルール

進路を選択するときには、できれば「最適な決定」を行ないたいものです。先にとりあげた決定ルールは、日常的に私たちが行なっている選択のルールです。その時々で決定ルールを使い分けていますが、みなさんも何度も経験しているように、どこかで判断を誤ったり、選択の結果に満足できない場合もでてくるのです。

このような日常的に利用している選択ルールに対して「規範的な決定ルール」というものがあります。この規範的な決定というのは、意思決定の理論から導かれるもので、私たちがふだん行なっている決定のルールとは少し異なります。規範的とは、「こうあるべきである」という人間の理想的で、選択の誤りのない合理的な決定のことです（合理的については補章で説明しています）。

この規範的な選択ルールは、次のようなステップからなると考えられています。これを見て、最初にあげた意思決定のプロセスと同じではないかと思う人もいるでしょう。確かに似ているのですが、選択条件を用いてその条件にそって選択肢の望ましさを評価するステップなどがより詳しくなっているところがポイントです。なおこの選択ルールは、「補償型ルール」のようにすべての条件を用いて選択肢の望ましさを評価していきます。

①選択の目標を考える
②選択肢をあげていく
③選択肢を評価する条件と選択基準をあげていく
④選択肢ごとに各選択条件をどの程度満たしているか、望ましいかを評価する
⑤選択肢ごとに望ましさを総合し評価をする
⑥選択肢ごとに実現可能性（確率）を評価する
⑦「期待効用最大化の原理」を使って、選択肢ごとに望ましさを評価する
⑧選択肢の望ましさについて最大となったものを選択する
⑨選ばれた結果について評価する

日常の意思決定のルールと大きく異なっているのは、⑦の選択肢全体の望ましさを評価する場合に、常に「期待効用最大化の原理」というルールが適用されているところです。「期待効用」とは、選択肢について各選択条件の望ましさを総合して評価した値を、結果の起こりやすさ（進路の場合だと実現可能性）によって重みづけしたものをいいます。

少しわかりにくいでしょうから例をあげます。受験生Q君を想定します。Q君はA大学とB大学を志望していますが、試験日が重なっていてどちらかしか受験できません。まずQ君がA大学、B大学に合格する可能性（実現可能性）を%で予測すると、A大学については30%、B大学ついては70%くらいと

考えられました。さらに、それぞれの大学に入学することの望ましさについて、最も望ましくない場合を0、最も望ましい場合を100として評価してみると、Q君はA大学を80、B大学を60と評価したとします。これらを使ってそれぞれの大学の「期待効用」の値を計算すると、A大学については80×30％（0・3）で24、B大学については、60×70％（0・7）で42となります。そしてこの「期待効用」が大きいほう、つまり「Q君はB大学を選ぶ」ことが最適であると結論するのです。

もしかすると、何だかだまされているような気になった人もいるかもしれませんので、もう少し説明しておきましょう。Q君はA大学とB大学の望ましさを、それぞれ80、60と評価したので、この段階ではA明らかにA大学を選択することが望ましいはずです。どちらを受験しても必ず合格するのであればA大学がよいのですが、入試に落ちてしまうこともあります。このように実現可能性についても考慮に入れようとするのが「期待効用」の考え方なのです。つまりQ君はA大学に合格する可能性が30％なので、80という望ましさを30％の可能性で実現できそうであるということを、80×30％で24と数値に置き換えるのです。同様にB大学については、60の望ましさを70％の可能性で実現できそうなので、60×70％で42となります。この24という数字と42という数字を比較して、より高い方、つまりより望ましい方を選択するのです。

あたり前ですが、可能性が100％であれば期待効用を計算しても、A大学80、B大学60となり、A大学がよいという結果になります。またQ君が猛勉強して、A大学の合格可能性を70％、B大学の可能性を90％まで高めたとすれば、計算してもらうとわかると思いますが、A大学を受験したほうが良いという結果になります。

規範的な選択のルールの特徴である「期待効用最大化の原理」というのは、この例の場合には選択肢は二つですが、もし選択肢が三つ以上ある場合にも、最終的に算出された「期待効用」が最大となる選択肢を常に選択するということなのです。

## 3　規範的な決定ルールを使ってみよう

ここで「規範的な決定ルール」を紹介したのは、もちろんみなさんが進路選択をする時に使ってほしいからです。なぜなら補章に記してあることですが、このルールがたくさんの選択肢があり、同時にたくさんの条件がある場合に、最も一貫した判断ができ、合理的な決定ができるルールだからです。ここではこのルールを使ったマトリックス表を用いて、シミュレーションをしてみましょう。

本書の157ページにマトリックス表があります。その表を、先にも記した規範的な意思決定ルールにそって埋めていきましょう。

①選択の目標を考える
②選択肢をあげていく
③選択肢を評価する条件をあげていく

④選択肢ごとに各選択条件をどの程度満たしているか、望ましいかを評価する
⑤選択肢ごとに望ましさを総合し評価をする
⑥選択肢ごとに実現可能性（確率）を評価する
⑦「期待効用最大化の原理」を使って、選択肢ごとに望ましさを評価する
⑧選択肢の望ましさについて最大となったものを選択する
⑨選ばれた結果について評価する

ここでは、選択目標として就職先を考える問題についてみていきましょう。また、選択肢ごとの望ましさの程度をわかりやすくするために、まったく望ましくない（最低）を「0」、最も望ましい（最高）を「100」として計算します。

まず、第一のステップは、どのような選択肢があるかを考えていくことです。適当でかまいませんので、思いついた企業名を第一行に書いてみましょう。実際は選択肢となる企業の数はいくつあってもかまいません。ただしこの表では四つまでしか書けませんし、選択肢1にはＵＭＹ産業という社名が例として入っているので、今回はあと三つにしておいてください。

次に、選択条件をあげていく段階に進みます。これは、選択肢を評価するための条件はどのようなものが良いのか、何を重視して就職先を選択したいのかというポイントを記入していきます。その選択条件をいちばん左の縦の列に記入してみましょう。この表では選択条件は五つになっていますが、もちろ

んいくつでもかまいません。とりあえず、「給与」、「仕事内容」、「勤務地」の三つの例を入れておきましたので、あと二つを考えて4、5のところに記入してください。また、ここで考えた選択条件について判断するときの基準があればそれを考えておきましょう。たとえば、給与は20万円以上とか、勤務地は地元であることなどということです。

さて、ここまでできたら、みなさんには情報収集を行なってほしいと思います。例としてUMY産業の給与の欄には「30万円」、仕事内容の欄には「人事コンサルタント業」、所在地の欄には「仙台市」が入れてあります。このような情報を集めて、選択肢と選択条件で囲まれたマスをすべて埋めてほしいのです。ちなみにUMY産業の、条件4、5の欄は、適当に想像して埋めておいてください。ここの作業が終わらず空欄があるようだと先に進めませんので注意してください。

この作業が終われば次のステップ、それぞれの選択条件について各選択肢がどの程度望ましいのかを評価する作業に入ります。方法はそのマスに書かれている内容（給与の額とか具体的な仕事内容とか）が、自分にとって「まったく望ましくない」場合を「0」、「最も望ましい」場合を「100」として数字をカッコの中に記入していきます。記入例として、UMY産業の給与の欄には、30万円

というのはかなり望ましいことなので、「90」という数字を入れておきました。残っている部分を埋めていってみましょう。

そして(A)の欄に「実現可能性」を入れてみましょう。その進路先に進める可能性を想像して、「まったく可能性がない」場合を「０％」に、「確実に進める」場合を「100％」としてその確率を評価してみましょう。たとえばかなりその進路に進めそうだと思ったら「70％（０・７）」、かなりむずかしそうだと思ったら「30％（０・３）」くらいと評価しておきましょう。この評価は、主観的なものですから自分の思った通りに評価してみてください。ＵＭＹ産業の欄には50％（０・５）と記入してあります。カッコの中の０・５は％を小数に直したものです。

そして、今度は選択肢ごと（縦の列ごとに）に望ましさの数値を合計し、その下の(B)の行に書いてみましょう。選択条件1から5まで（　）内の数値を縦に合計すればよいのです。さらにここで結果をわかりやすくするために、選択肢ごとの望ましさの合計を最高が「100」、最低が「０」となるように、(B)の値を「選択条件の数」で割ってみましょう。この例の場合には選択条件は五つですから、(B)の値を5で割ることになります。これが(C)の行です。そうすると、その値は0から100の間にはいります。もし100を超えてしまうことがあったら、どこかで計算まちがいをしているのでもう一度見直してみましょう。

最後に全体の望ましさを評価するために先ほど説明した「期待効用」の値を計算してみましょう。それには、いま計算した(C)の「望ましさの値」と(A)の「実現可能性」の確率の値を掛け合わせればよいのです。これを最終行の(D)に記入します。これが実現可能性を考慮した場合の選択肢ごとの望ましさの値になります。

そして、この値の最大だった選択肢が現時点であなたにとって「最も望ましい選択肢」となります。つまりあなたはその企業を選ぶのが最も良いということになります。

なお、ここで行なったシミュレーションでは、すべての選択基準を同等の重要性をもつものとして扱ったため、望ましさの点数をそのまま足し算しました。しかし、あらかじめ選択条件について、この条件を別の条件よりも重視するとか、この条件は他の条件よりもあまり重視しないなどということを考えていることもあるでしょう。そのような場合には、選択条件を各選択肢がどの程度満たすか（望ましさ）を評価する作業の時に、評価された数字を重視する場合は2倍にするとか、あまり重視しない場合は1/3にするなど重みづけをして計算することも可能です。表計算ソフトを使えば、選択肢が多くなっても、条件が多くなっても簡単に計算できますので、自分の進路選択をシミュレーションするときには使ってみればよいでしょう。

# 第４節　これからに向けて

## １　決定ルールから見えてくるもの

さて、規範的な決定ルールに従って意思決定のシミュレーションをしてみましたが、どんな感想をもちましたか？

むずかしいと感じた作業はあったでしょうか？

規範的な決定ルールは、常に判断が一貫していて合理的な選択をするために便利なものです。つまりこのルールを使えば、現在考えている選択肢から、自分がもっている情報、考慮したいすべての条件と選択肢の実現の可能性について判断し、最も望ましいものを選択することができます。しかしそれ以外にもいろいろと教えてくれることがあります。じつは、ここが意思決定のシミュレーションを行なうことの最も大きなメリットなのです。ここから何を学ぶかについて考えていきましょう。

作業中には、次のようなところで作業が止まってしまったり、考え込んでしまった人がいると思います。

●選択肢の欄が埋められない。つまり企業名が浮かんでこない場合。
●選択条件の欄が埋められない。つまり自分が何を重視して選ぼうとしているのかがわからない場合。
●それぞれの情報をマスに書き込めない。つまり選択肢としてとりあげた、たとえば企業の給与や仕事内容などの情報を知らない場合。

作業が止まってしまったり、考え込んでしまった場合の多くは、おおまかにこの三つの時ではないかと思います。点数化する作業もむずかしいと思いますが、これはみなさん自身の感覚を点数化することなので、自分に正直に書いていけばできないということにはならないと思います。

では、この三つのことが何を教えてくれるのかを考えていきます。まず選択肢の欄が埋められないという時は、考えても企業名が浮かんでこないためと考えられます。なぜ浮かんでこないのかとさらに考えてみると、一つは就職したいと思っていない場合が考えられますし、他には企業名を知らない場合も考えられます。就職したくないと思っている人は、この本を読んでいないでしょうから、今回選択肢をあげられなかった人の多くは企業名を知らないためと思われます。

世の中には非常に多くの企業がありますが、その名前まで知っているところは自分で思っているよりも少ないのではないでしょうか。一度自分が知っている企業の社名を思いつく限り書き出してみてください。まだ就職活動に突入していないみなさんであれば、50社書くことができればすごいと思います。しかし新聞の経済欄や株式欄を見ればわかると思いますが、50という数は、「50社も」ではなく、「50社しか」といったほうがよいくらいに企業数は多いのです。

企業の存在を知らなければ、それは選択肢として永久に考慮の対象となることはありません。つまり絶対に選ばれることがないのです。選択肢を絞り込むために先のシミュレーションをしたのですが、これを成功させるためには多くの選択肢、つまりは企業名をたくさん知っておく必要があるのです。

次に、選択条件の欄が埋められない時のことを考えてみましょう。このようになるのは、自分が何を重視して選ぼうとしているのかがわからない、もしくは決まっていないためでしょう。もちろん重視する条件が少ない人、たとえば「勤務地だけはゆずれないけれども、後のことはまったく問題ではない」という場合は、条件が少なくても問題ありません。ただし、お昼のメニューのところにも記しましたが、これでは絞り込みができないことになります。しかしこのような人は少ないと思います。こんなところを重視したいというポイントが「浮かんでは消え」とか、はっきりと言葉にできないという感じなのではないでしょうか。ですからいざ書き出そうとしても、うまく出てこないという人も少なくないでしょう。

この何を重視するかということは、第2章で考えた「自分はこうしたい」「こうなりたい」と思い描くものと密接に関係しています。それに近づくための条件が就職先を選ぶときの条件になるのです。いつかは自分で会社をつくりたいと思っている人は、そのための経験ができるところや、教育制度がしっかりしているところ、また企業内起業の制度をもっているところなどがよりぴったりすると思います。今住んでいるところで地域のためにボランティアを続けていきたいと思っている人なら、転勤がないという勤務地の問題が大きくなりますし、ボランティアをする時間が確保できるかどうかという点も重要なポイントになるでしょう。第2章で考えたことを、ここで活用することを考えてください。

最後に、選択肢としてとりあげた企業の給与や仕事内容などの情報がわからなくて、それぞれの情報をマスに書き込めないときはどうすればよいでしょうか。この本を読んでいるみなさんは、まだ業界研究や企業研究をはじめる前だと思いますので、今は書けなくても仕方のないことです。ふだんの生活の中では知ることができないもののため、知ろうと努力をしないと知ることができません。

しかし、知ろうと努力をしないと知ることができない、ということは、ぜひおぼえておいてほしいと思います。時々就職活動をしている学生から、「何を調べればよいのですか」という質問を受けることがあります。手段や方法のことを質問されているのか、それとも調べる内容のことなのかわからないので、こんなときには「どっちのこと？」

と質問を返します。たいていはその両方だったりするのですが、手段や方法なら簡単なのです。就職雑誌や書籍、インターネットの情報など、それを得る方法はたくさんあります。しかし調べる内容についての質問だとこちらも困ってしまいます。それは人それぞれで違うからです。

このシミュレーションをやってみた人にはわかってもらえると思いますが、さまざまな情報は進路を決めるために集めるのです。その情報は、最終的にはマトリックス表のマスの中に入ります。つまり、マスを埋めるための情報を調べればよいのです。情報は活用できてはじめて意味あるものになります。むやみやたらに情報を集める必要はありません。今、自分にとって何の情報が必要なのかをしっかり考えて、何のために知ろうと努力しているのかを見失わないように気をつけてください。

最後にもう一つ、結果に対する感情の話もしておかなければならないでしょう。規範的な意思決定ルールは合理的な決定方法であり、理論的には選択後の満足感も高くなると仮定されます。しかし先に例として示したQ君は、80の望ましさがあるA大学よりも、60の望ましさしかないB大学の方がより良いとなった結果に満足できるでしょうか。Q君自身、合格可能性まで考慮した結果に納得はできるかもしれませんが、感情的に満足はできないかもしれません。これは、みなさんがシミュレーション結果について感じるものとも共通すると思います。

棋士の話を例にして、どういうものが良い決定なのかということを先に話しておきました。もしQ君が、たとえB大学に不合格になることを恐れず、そこを受験したいと熱望するのであれば、あるいは、B大学を受験しなかったことをのちのちまで悔やむようであれば、合格可能性はともかく、自分が最も満足できる大学を受験することが彼にとっては満足できる決定なのです。ですからこの場合には、規範的なルールによって導かれた結果を受け入れなくても、それは彼にとっては「良い」決定になります。ここでもう一度、みなさんも自分にとっての「良い」決定とは何かを考えておいてほしいと思います。

## 2　むずかしい進路選択をどうするか

この章の最初で、いかに進路選択がむずかしいのかという説明をしておきました。ここまで読み進めてきて、「こう考えれば少し簡単になるかな」というようなアイデアが浮かんできていたら、この試みは成功だったと思います。しかし、まだまだ混乱している人も多いでしょうから、少しまとめをしておきます。

まず、どうやって考えていけば良いのかを知らないからむずかしいと感じるという点を指摘しておきました。これに対しては、意思決定のプロセスのことをお話ししましたし、その中の意思決定ルールについてもシミュレーションをしてもらいました。これらを例にすると、何を考える材料にするのか、そしてどういった順序で考えていけばいいのかということがわかってもらえると思います。とりあえずは、その通りに進んでみてください。しかし道は一つだけではありませんので、一つを自分のものにしたら、その次はオリジナルな考え方で進めばよいと思います。納得できる結論にたどり着く道を探すこともできるようになってほしいと思います。

次に、将来のことは不確定な要素が多すぎてとても予測しにくいものだからむずかしいということを取りあげました。不確定な要素が多いということは事実ですし、こればかりはどうしようもありません。しかし、だからどうでもいいと考えることも問題だと感じるでしょう。

棋士の話を思い返してください。どれだけ先を読んでいたとしても、想像もしなかったピンチに出会うことがあります。「先を読むということ」＝「絶対に勝てる手を探すこと」ではないのです。できるだけ勝とうとする努力、もしくは負けないための努力なのです。絶対を探そうとすると、またそれがどこかに必ずあると考えると、進路決定はとてもむずかしく感じられます。あくまでも今直面している進路選択が将来に続く通過点の一つと考えれば、少し肩の力を抜くことができるのではないでしょうか。

情報量の多さについては、決定ルールを身につければそれほど圧倒されてしまうこともなくなるでしょう。自分にとって必要な情報だけを用いて決定するのですから、むやみにたくさんの情報を集める必要はないのです。また似たような情報をたくさん集める必要もありません。このように自分にとっての本当に必要な情報がわかってくれば、その取捨選択が楽になってくると思います。情報に流されるのではなく、自分で扱えるようになれば、困難さを感じることも少なくなるでしょう。

また決定ルールを身につけることは、選択肢や選択条件とその基準の設定の仕方をどのようにすれば良いのかということも教えてくれます。選択条件と基準さえしっかりしていれば、選択肢がどんなに大量にあっても絞り込むことができます。それができるような条件と基準とは、どのようなものであるかについても少し気づいてもらえたのではないか思います。自分が重視していることを、どう表現すれば選択基準として活用できるのかということです。この点がクリアされれば、みなさんの進路選択はずっと楽になるはずです。

しかし、それですべてがかたづいたわけではありません。どうしてもむずかしい点として残るのが、やる気、関心にかかわる問題です。こればかりは何ともしようのない点なのです。これは選択の仕方をどんなに学んでも解決できません。第1章、第2章のようなことについて考え、生きていくことを自分の手中におさめることから始めなければならないかもしれません。生きていくことはあなた自身の問題なのですから。

## 3 もっと先をシミュレーションしてみる

人生は選択の連続です。みなさんも、もし別の大学や学部を選択していたら今とはずいぶん違った学生生活を送っていたかもしれませんね。ある時点での一つの選択はその後の生活（人生といい換えても構わないでしょう）に影響を与えるのです。このため、選択した結果が将来にどのように影響するのか、あるいは自分がもし第一希望ではない他の進路を選んだ場合にどのような将来が予測できるのかについて考えていくことも必要になってきます。もちろん、先に紹介した進路決定のシミュレーションでは、自分がどんなものを重視して就職先を選ぶかという選択基準の中に、将来の予測の要素が含まれています。地元でボランティアをしたいから、転勤のない会社という基準を設けるというようにです。

しかし、いくら意思決定のシミュレーションでX社が望ましいと判断できても、入社試験に受からなければ違う所を選択しなければならなくなります。意思決定のシミュレーションからは、望ましさの順位もわかりますので、望ましい順に受験することもできるでしょう。そうなれば採用になったところによって、その後の人生が多少変わってきます。このようなそれぞれの進路を選んだ場合にはどのような結果が待っているのかということを、将来にわたって連続的に考えていくことも重要になるのです。言い換えると自分の進路を単に一時点での選択ということではなく、みなさんの一生涯という長期間の将来展望をもって連続的に考えてみることが大切です。人生設計やキャリアデザインを考えることといってもいいでしょう。

ここでは、「決定木（デシジョン・ツリー：Decision Tree)」を描いてみることで、それをシミュレーションしてみましょう。この「決定木」は、もともとは何度も連続して意思決定をくり返すような多段階の意思決定を行なう場合に、どの決定の道筋が最も良い結果をもたらすかということを予測するために用いられるものです。これを応用してみましょう。

例をあげてみます。図3－1を見てください。これは、ある人が高校時代に卒業後の進路を予想して作成した「決定木」です。高校卒業後にある程度の将来も視野に入れて、どのような選択肢があるのか、さらにその選択肢を選ぶとどのような結果がもたらされるのかということを予想して描かれています。

この「決定木」を描くためには、いくつかのルールがあります。図の中で線が分岐しているところに○記号と□記号の二種類があることに気づくと思います。いわゆる人生の岐路とよばれるようなポイントですが、そこでの選択には二つの種類があるということを示しています。すなわち、自分自身の意思で選択・決定できる場合と、自分の意思では選択・決定できない場合です。この二つの場合について、○と□の記号を使い分けます。

まず□記号は、意思決定者が自分自身でいずれかの結果を選択できる場面を示しています（決定ノードとよばれます）。就職活動の場合には、どの企業を受験するかについては自分の意思で決められますし、就職後は転職するかしないかについて自分の意思で決定できます。このような選択場面が決定ノードであり、□記号を描きます。

一方○記号は、意思決定者の意思では決定できない選択場面を示しています（ランダムノードとよばれます）。たとえば、大学入試

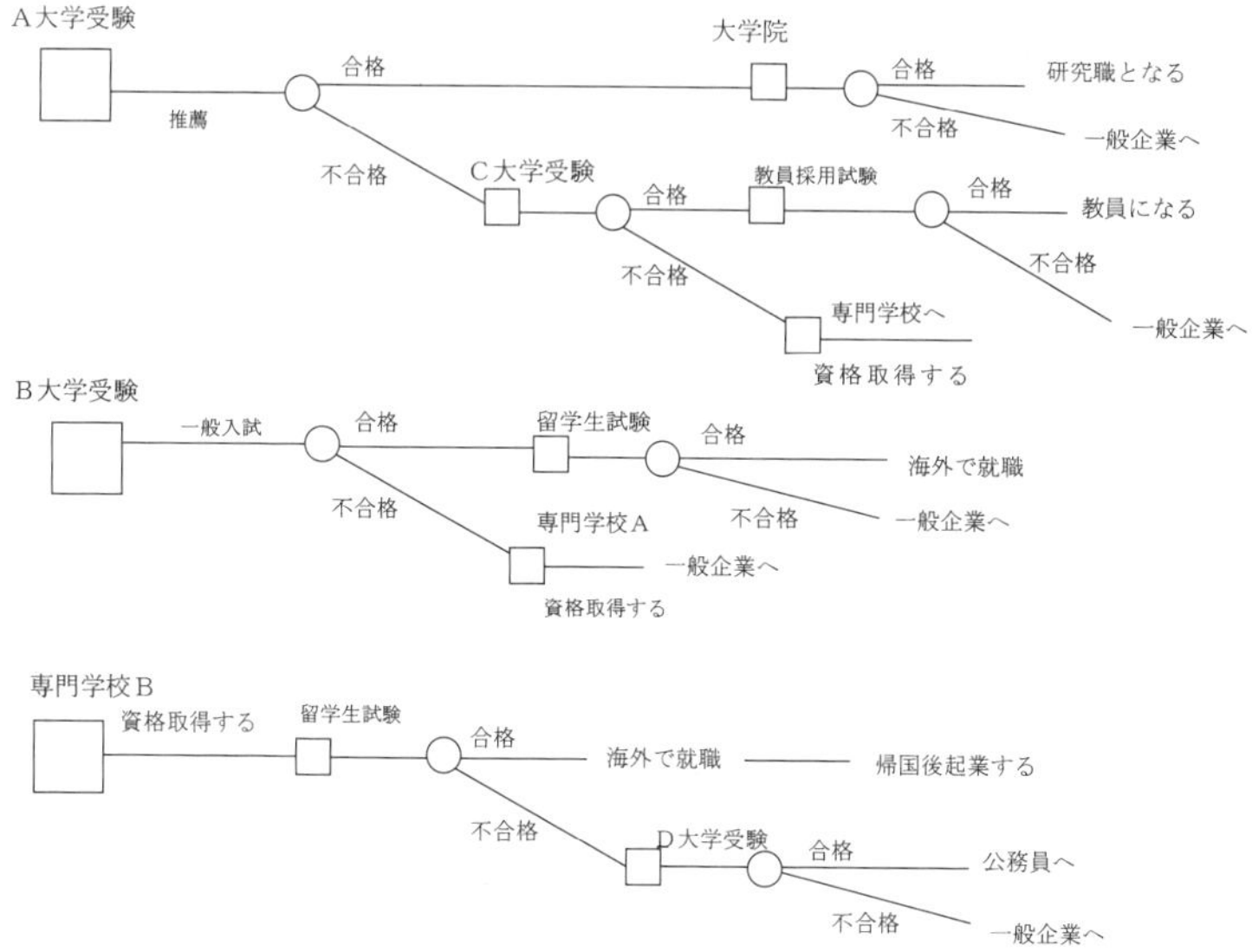


図３－１　決定木の例

に合格するかどうかということは意思決定者の側では決定できません。就職の場合には、その会社の就職試験に採用されるか、されないかということは、自分自身では決定できないのです。このような選択の場面は、○印を使用して表現します。

このように、予想される選択・決定の道筋を「決定木」として描いて考えていくことは、自分の将来の進路についてどのような岐路があるのか、そしてどの道に進めばどのような結果がもたらされるかというシミュレーションをすることになります。みなさんも自分の将来の決定木を描いてみてください。

三年後、五年後、十年後までを想像して考えてみましょう。就職以外にも、結婚や転職、独立など、自分が出会うであろう岐路や出会いたい岐路を入れてみてください。

できあがったら、それぞれの道に進んだときの自分の生活を想像してみましょう。どのような道に進んだときの生活が希望に近いものでしょうか。このように、さらに先をイメージすることで、就職先を選択するときの選択肢や、選択条件に新しい視点が加わるかもしれません。

## Cさんへのアドバイス　――章のまとめにかえて――

たいへんそうですね。

でも、Cさんは何が（もしくは、どうして）たいへんなのかわかっていますか。

この章をしっかり読めば、「何が」もしくは「どうして」たいへんな状態になっているのか、少しは気づいてもらえたのではないでしょうか。Cさんは情報の流れに飲み込まれてしまっているのです。このままだとどこへ流されていくかわかりませんよ。

Cさんの良いところは情報に敏感なところです。さすがに、企業情報のいろいろなことを知っていますね。しかし残念ながら情報の扱い方は今一歩のようです。だから情報の流れに飲み込まれているのだということに気づいたでしょうか。

もう一つ、Cさんのようすからうかがえることは、Cさん自身が何をこれからやっていきたいと思っているのか、その方向性が見えていないのではないかということです。ホテル産業にメーカー、教育や福祉関係に、公務員。いろいろなことに興味があることは悪いことではないのですが、それらに共通する将来の方向がみえないのです。これだけ多方面のことを目指そうとすると就職活動もたいへんです。これが問題のように思えます。

企業などの就職先はあくまでも選択肢に過ぎません。選ぶのはCさん自身であり、その選択基準はCさんの中にあるのです。自分自身の考えていること、望んでいることにも敏感になってみることが必要でしょう。

こう考えていくとCさんがやるべきことの一つは、「情報の扱い方」についてもっとよく知ることです。自分がどのような情報を収集するのか、さらに収集した情報をどのように扱うのかということです。それは自分自身に対する情報収集によって方向性が決まってくると思われます。そのためにCさんがこの章の内容を自分のものにし、将来の進路のシミュレーションを行なって、自分がもっている情報を整理してみると、じつは第2章のようなことを考えるのが先決だということに気づくかもしれません。そして自分がどちらの方向へ向かって人生を進んでいきたいのかがもっとはっきりしてくれば、もっとたくさんの情報を収集しても、今までのように情報に流されることなく、うまく「決定のルール」を使って自分のために情報をきちんと扱えるようになると思います。

情報はきちんとした目的のために扱えてはじめて意味をもってきます。このことを忘れないように情報とつきあってください。

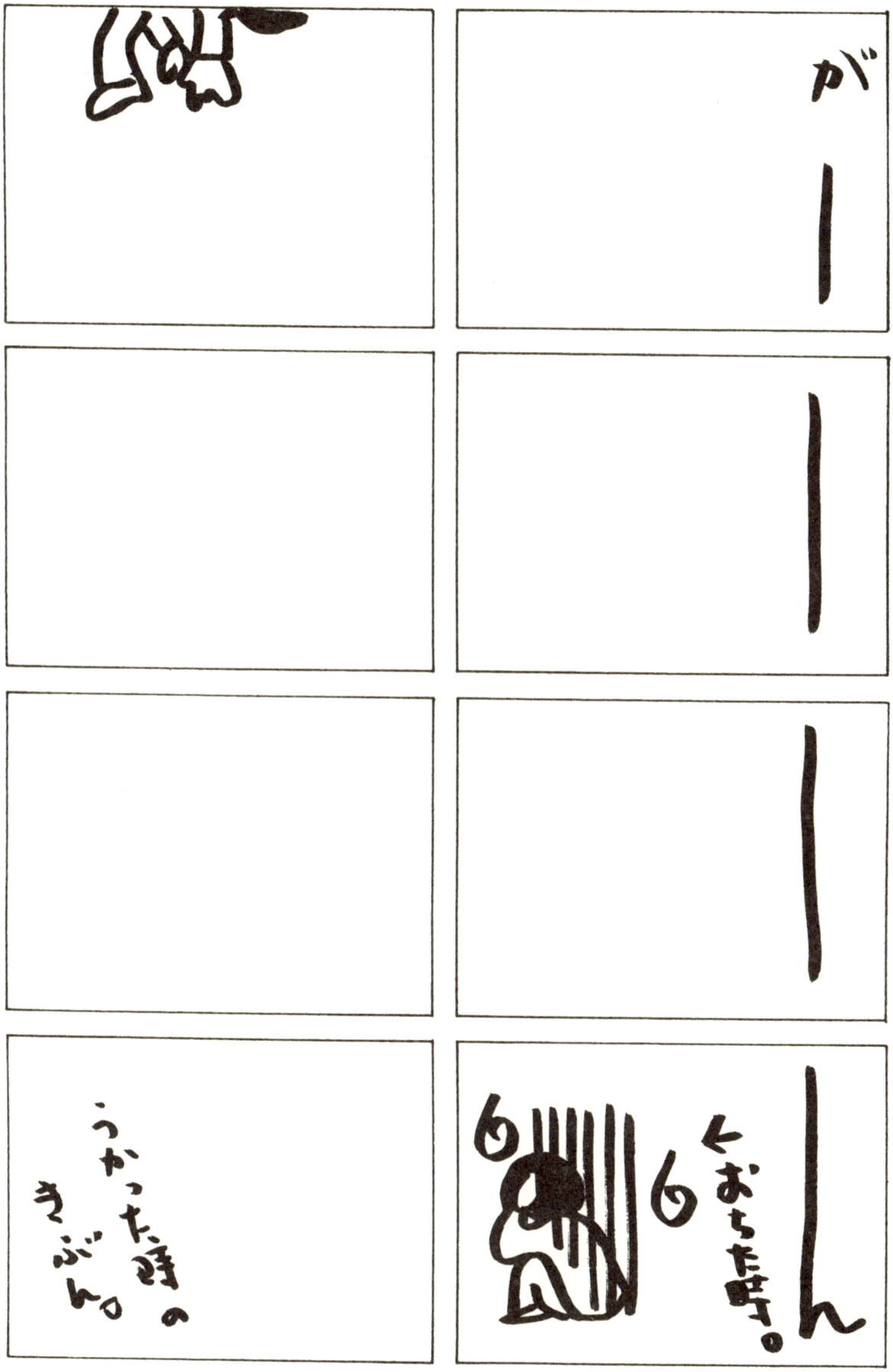

がーーーーん
←おちた時。
うかった時のきぶん。

## マトリックス表

| 選択条件＼選択肢 | 選択肢 1<br>UMY産業 | 選択肢 2 | 選択肢 3 | 選択肢 4 |
|---|---|---|---|---|
| 1．給与<br>（望ましさ） | 30万円<br>（ 90 ） | （　　） | （　　） | （　　） |
| 2．仕事内容 | 人事コンサルタント業<br>（　　） | （　　） | （　　） | （　　） |
| 3．勤務地 | 仙台市<br>（　　） | （　　） | （　　） | （　　） |
| 4． | （　　） | （　　） | （　　） | （　　） |
| 5． | （　　） | （　　） | （　　） | （　　） |
| (A)：実現可能性 | 50%<br>（0.5） | | | |
| (B)：1～5の望ましさの合計 | | | | |
| (C)：(B)÷選択条件数 | | | | |
| (D)：(A)×(C) | | | | |

切取線

# 補章――意思決定のさまざまな決定ルール――

ここでは、第3章の本文中では詳しくふれられなかったことについて、書いておきたいと思います。少し専門的な知識★19★20になりますが、興味のある人は読んでみてください。

## A・補償型ルール

第3章でもふれたように、「補償型ルール」は考慮する条件すべてを用いて選択肢の望ましさを評価し、選択肢の全体的な望ましさを考えていくルールです。この選択のルールを利用すると、ある条件からみた望ましさが多少低くても、他の条件からみた望ましさが高ければそれをもって低い部分を補い、全体的な望ましさを評価できます。このように各条件が補い合って全体的な評価に影響するので「補償型のルール」とよばれるのです。

ここでは、ノートパソコンを購入する場合を例にして「補償型のルール」の適用例を見てみましょう。

ノートパソコンの購入の例

| 選択肢 | A | B | C | D | E |
|---|---|---|---|---|---|
| メーカー | 有名ブランドメーカー | 中堅メーカー | 有名ブランドメーカー | ノーブランドメーカー | 中堅メーカー |
| 性能（処理速度） | 中程度 | 最速 | 最速 | 中程度 | 遅い |
| 大きさ | B５ | B５ | A４ | A４ | A４ |
| 価格 | 18万円 | 27万円 | 25万円 | 19万円 | 15万円 |
| 色 | 銀 | 黒 | 白 | グレー | 黒 |

ここでは以下の五つの機種から選ぶとします。つまりこれが選択肢になります。そして選択の条件として、メーカー、性能、大きさ、価格、色の五つを考えます。また選択の基準としてはとりあえず、価格が20万円以下であり、性能が中程度以上のもの、さらに色が自分の好みの黒であることという三つの条件を考えているとします。

このような条件と基準であれば、AからEのうちのどれを選ぶべきでしょうか？

おわかりの通り、この選択肢の中には三つの条件をすべて満たすものはありません。では現実的に考えた時、自分がもっている三つの選択の基準すべてを満たすパソコンがない場合にはどうしますか？

おそらく、色と性能は選択の基準を満たさないけれども、購入できる価格ものを選ぶか、予算金額よりも多少価格が高くなっても色と性能について基準を満たすものを選ぶかなどということを考えるでしょう。これが補償型の選択のルールです。つまりこの場合には、最初は選択基準をすべて満たすものがないのです。しかし、だからといって買わないという選択をするのではなく、最後まですべての条件の望ましさを考慮して選択肢の全体的な望ましさを評価しているのです。

この補償型は、さらに詳しく、各属性の望ましさの評価をどのように処理していくかによって、「加算ルール」、「加算差ルール」「総合評価ルール」に分けられます。例をあげながら説明しましょう。

## ■加算ルール

これは、まず選択肢ごとに条件の望ましさを評価し、それらの望ましさを加算して、選択肢ごとの全体の望ましさを計算するものです。合計が最も高いものを最も望ましいものとして選択します。この場合に、条件についてはそれぞれ重要度が異なるため、単純に足すのではなく重み付けを行なうこともあります。

先のパソコンの選択の例を使えば、まずメーカー、性能、大きさ、価格、色のそれぞれの望ましさを選択肢ごとに評価し、それぞれの望ましさをすべて加算して、選択肢ごとにその望ましさを算出していきます。パソコンAであれば、メーカーは有名ブランドメーカーなので10点満点、性能は中程度で5点、大きさは小さいB5サイズなので7点、価格は18万円と手ごろなので8点、色は好きではない銀色なので2点、などと評価します。するとパソコンAの望ましさ得点は合計で32点になります。このような評価を他の製品についても行ない、点数のいちばん高いものを選択するというルールの使い方になります。

なお重み付けというのは、今回は選択の基準としては、価格、性能、色を重視しているので、たとえばこれらの点数だけを2倍にして合計点を出すということです。先の点数でいえば、この重み付けを行なうと望ましさ得点は47点となります。

■加算差ルール

この決定ルールでは、まず基準となる選択肢を決めます。どの選択肢でもかまいません。その基準となる選択肢と、別の一つの選択肢を考慮する条件ごとに望ましさを比較していき、その差を加算することで、各選択肢の全体的な望ましさの値を計算するというルールです。

わかりにくいので例を使って説明しましょう。まずパソコンAを基準とすると決めます。そしてBと比較していきます。メーカー、価格という条件ではパソコンAの方が望ましいのですが、性能と色についてはパソコンBの方が望ましいものです。大きさは同じですので引き分けとなります。つまりパソコンAはBに対して2勝2敗1引き分けとなります。次にはパソコンAとCを比べます。さらにAとDを比べ、AとEも比べるということを続けていきます。そして、Aに対して最も勝っているものを最も望ましいものと決定します。もちろんAがいちばん望ましかったということもあります。

また、もちろんこのルールでも重み付けをすることが可能です。価格、性能、色を重視しているのであれば、たとえばこれらの条件だけを2勝分（2敗分）としてカウントすることも可能です。もしこの重み付けを使うのであれば、パソコンAはBに対して3勝4敗1引き分けとなります。

このルールは、選択肢と選択条件が比較的少ない場合に有効です。なぜならそれらが多くなると、非常に煩雑な判断をしなければならなくなるからです。しかし、「加算ルール」で使ったような、選択条件から考えて選択肢に得点を与えるといった数値化をしにくい場合、つまり選択基準が明確でなく「より良いもの」といった漠然とした基準をもっている場合に有効です。

■総合評価ルール

このルールは、加算ルールや加算差ルールのように、こまかく一つひとつ望ましさを評価していくのではなく、選択肢の全体の望ましさをいきなり総合的に評価していくものです。そして最も望ましいものを選ぶというルールです。

これはそれぞれの選択肢ごとの評価は考えず、全体的に考えて全体の望ましさを評価します。これは、かなり直観に頼る部分が大きくなります。たまたま色が良いからという理由でEのパソコンを選択したり、性能が良さそうだからとBのパソコンを選んだり、という選択をする可能性もあります。加算ルールや加算差ルールとの違いを考えれば想像ができると思いますが、選択した後で、「価格のことも考えておけばよかった」とか、「大きさが合わない」などという、選択肢や条件を考えなかったことが原因となる不満がでてくることも十分に考えられます。

## B・非補償型のルール

このルールは、考慮する条件を考えてその基準を使って選択肢を絞っていき、最後に一つが残るところまで選択していく方法です。選択肢が選択基準を満たしていなければ、その選択肢は考慮の対象から外れます。つまりそれぞれの選択肢に対して、すべての条件から評価を行なうわけではありません。最初の条件で排除された選択肢は、それ以後の条件で評価されることはないのです。この非補償型のルールは、前に述べた「補償型のルール」のようにすべての条件を用い、条件間で兼ね合いを図って選択を行なうのではなく、一部の条件の望ましさのみを用いて評価を行なうので「非補償型」とよばれます。

たとえば、パソコンを選択する例では、次のような選択のルールが一例として考えられます。まず適用する条件の順序を決めます。そして性能、価格、大きさ、デザイン、メーカーの順に選択肢を比較するとします。その後、まず性能という条件を使って、各パソコンについて選択基準にあっているかどうかを評価します。そしてその基準に達していない選択肢は選択の対象から外します。次に残った選択肢について、価格という条件から望ましさを比較し、また選択基準以下であったものを外します。これをくり返しながら、一つに絞り込めるまで続けていくのです。もしある時点で、すべての選択肢が排除されてしまったような場合には、さらに選択肢を探し出したり、選択基準を最初から見直すことになります。

さらにこのルールには、選択条件の使い方や、使う順番によって次にあげるようないくつかの種類があります。もちろん、それによって選択結果が変わってきます。

■連言ルールと選言ルール

連言ルールは、それぞれの選択肢について選択条件から評価を行ない、「すべて」の評価において自分がもっている基準以上であればその選択肢を選ぶというものです。これに対して選言ルールは、それぞれの選択肢について選択条件から評価を行ない、「そのうちの一つ」でも自分のもっている基準以上であれば、その選択肢を選び、それ以外のものを排除するというルールです。

たとえば、選択の基準として「性能は中程度以上」、「価格は20万円以下」、「大きさはB5サイズ」の三つをもっていたとします。連言ルールであれば、それらをすべて満たすものを選択します。つまり各選択基準が and で結ばれるのです。そのため、たとえ三つの基準のうち二つは満たしていても、一つでも満たさないものがあれば、その選択肢は排除されますので、このルールは厳しいものといえます。もちろんこのルールを適用した場合でも、複数の選択肢が残る場合もありますし、逆にまったく残らないこともあります。

ところが選言ルールあれば、「性能は中程度以上」、「価格は20万円以下」、「大きさはB5サイズ」のうちどれかの選択基準を満たすものであれば、その選択肢が選ばれます。つまり選択基準間が or で結ばれているのです。

これらの基準とルールを使ってノートパソコンを選ぶと、連言ルールを用いた場合にはAのパソコンが基準を唯一満たしているものなのでこれが選ばれます。ところが選言ルールを使うとすべての機種が残ることになります。

## ■辞書配列ルールと属性消去ルール

「辞書配列ルール」は、選択の条件とその基準があらかじめ決まっており、またどの選択条件から使っていくかという順番が決まっている場合のルールです。そして、各選択肢の条件についての望ましさについて、その条件の順に、選択基準を満たしていない選択肢を排除していくものです。他方「属性消去ルール」は、選択する場合に、選択肢のどの条件を評価するかは選択する時点では決まっておらず、思いつく条件の順に、選択基準に合わない選択肢を消去していくものです。そして最後に残ったものを選択するというルールです。

日常生活においては、選択基準はあらかじめ決まっていない時や、実際に選択をしていく中で基準を思いついたりするので、そのような時には「属性消去ルール」を使っています。しかしながら、選択後に新たな選択基準を思いついたりした場合には、選択をはじめからやりなおすことにもなります。「辞書配列ルール」では選択基準を適用する順番があらかじめ決まっているため、選択をやりなおすことがなく選択後の後悔度は少ないと考えられます。しかし、前もって選択条件の順番を決定しておく必要があり、即座に選択・決定する場合にはこのルールを用いることがむずかしいことがあります。

では「辞書配列ルール」を使ってみましょう。まずは選択条件を考えます。そして「大きさはA4サイズ」が最も重要であり、続いて「価格が20万円以下」、「黒色でないもの」、「性能は中程度以上」、「ノーブランドではない」という順に重要性が低くなると決めました。そこで「大きさ」という基準を五つの選択肢に適用すると、AとBが除外され残りが三つとなります。次に「価格」という条件によって選択肢Cが排除されます。まだ二つの候補が残っているので、さらに「色」という基準を使えば、Eが排除されてDが残ることになります。

「属性消去ルール」の場合は、思いつく選択の基準が「辞書配列」と同じルールであれば、選択の結果は同じになります。しかし、最初にメーカーについて「ノーブランドではない」という基準を思いつけば、「辞書配列ルール」で選択されたDが、最初に除外されることになります。

## C・規範的なルールの制約

第3章で利用したように、規範的なルールでは、選択肢の考慮すべきすべての条件を思い浮べて、それらの望ましさを誤りなく評価し、さらにそこから選択肢ごとに望ましさを正確に計算し、選択肢間でその望ましさを正しく比較していきます。ですから、この規範的なルールは、選択肢や選択の条件の数が多くなっても、すべての情報を使用して判断の誤りをおかさず、最も合理的な結果をもたらすと考えられているのです。

では、ここでいう合理的とはどのようなことなのでしょうか。一般に合理的とは、次のように考えられています。

①できるだけその時の直感に頼らない
②選択の目標をよく考え、選択の目標と選択の結果がよく合っている
③選択肢や基準を考える場合に判断が一貫している

このような合理的な判断をするために、規範的なルールの「期待効用最大化の原理」が用いられるのですが、それを用いるためには次のような前提が必要です。

①決定の目標や選択肢をすべてわかっていること
②選択の条件や基準をすべてわかっていること
③選択肢についての望ましさを正確に評価できること
④常に最適な選択肢を選ぶことができること

合理的であることの前提には、無制限の記憶容量と計算の可能性ということがあげられます。つまり、どんな場合でもそこで得た情報は常に完全に記憶でき、さらに、選択の過程での望ましさの評価は常に一貫しており、選択肢ごとに望ましさの総合評価をするための計算についても、まちがうことなく計算ができることを仮定しているのです。この前提はかなり厳しいことであることがわかると思います。

しかしながら、このような前提を考えると、現実の人間にはそのようなことは無理であり、この合理性の考えについて修正を唱えた人がいます。サイモン★21という人なのですが、彼は人間の経済行動を研究する中で、「限定的な合理性」ということを提唱しました。彼によると、先のような「期待効用最大化の原理」と、そこで仮定されている前提は現実の人間にとっては、あまりにも厳しい基準であり、現実の人間は全知全能ではなく、起こりうる結果についての知識は部分的なものであり、将来についても不完全な予測しかできず、その結果起こりうるすべての結果を考えつくことは不可能だと言います。ですから、規範的ルールで仮定されるような合理性ではなく、その一部分のみが満たされるような「限定的合理性」を仮定することが、経済活動を考えることに重要であるとするのです。

さらに、現実の人間の合理性については、合理的かどうかは「満足」か「不満足」かによって決定され、実際の決定ではさまざまな情報のうちの一部を用いて、常に満足度が高くなるような選択肢を選ぶと指摘します。こちらの合理性のほうが私たちの感覚に近いではないでしょうか。

このように考えてくると、私たちが規範的なルールを使わない最大の理由は、認知的な側面、すなわち情報処理能力の制約からくるものであることがわかります。日常の選択においては、選択肢が多い場合には、計算の道具を用いずに、たくさんの選択肢について望ましさの評価をおこなったり、その値を比較したりしなければなりません。私たちは、ある程度の計算量を処理することができるのですが、コンピュータのように非常に短い時間の中で、すべての場合について選択肢を考えつくしたり、それぞれの属性の望ましさを計算したりすることはできません。

しかも、日常の意思決定の場面では、判断するための時間は限られていてじっくり時間をかけて選択するということは少ないのです。むしろ短時間のうちに判断を下さなければならないために、特に選択肢が多い場合やあるいは判断する状況が複数ある場合などでは、完全な判断が求められる規範的なルールを用いることは少ないのです。つまり、たくさんの計算をしなくてすむように、認知的な負荷を軽減しようとしているといえます。

したがって、ある程度の合理性を犠牲にしても、規範的なルールを用いず、補償型や非補償型のような簡略化したルールを適用すると考えられます。常に合理的なルールが適用されるわけではありませんから、その結果として大切な決定の場合においても時には判断の誤りがおこり、決定後に後悔の程度が大きくなることがあるのです。

職業指導室にて
某銀行一般職の
学校推薦に
応募し
18日に合否を
しらせるので
学校へ
午前中までに
電話してきてね
はい。
18日。
すっかり電話することを
忘れ
爆睡。
結果は合格だった
らしいが…あとですごく
しかられた

どーぞー
合同説明会
やってまーす
てくてくてくてくてくてくてくてくてくてくてくて
どーぞー
えっ？就職するんですか？
何故《なぜ》。

## 文献

★1　朝日新聞　朝刊　二〇〇三年六月二十九日
★2　週刊ダイヤモンド　二〇〇二年五月十一日号
★3　ジョゼフ・バジール（著）　W・A・グロータス・美田　稔（共訳）　人間回復の経営学―1980年代の管理者像―　三省堂　一九六九
★4　朝日新聞　朝刊　二〇〇三年八月三日
★5　愛知県経営者協会地域求職活動援助事業推進室　平成十三年度労働力需給に関する実態調査結果　二〇〇二
★6　吉本圭一（編）　高校・大学・企業におけるインターンシップの展開と課題　高校・大学インターンシップ研究会　二〇〇一
★7　大久保幸夫（編著）　新卒無業。　東洋経済新報社　二〇〇二
★8　一ツ橋文芸教育振興会・日本青少年研究所　中学生・高校生の二十一世紀の夢に関する調査　一九九九
★9　仲村祥一　仕事と遊び―私社会学風に―　岩波講座　現代社会学第20巻　仕事と遊びの社会学　岩波書店　一九九五
★10　シニアプラン開発機構　サラリーマンの生活と生きがいに関する調査　一九九二
★11　文部科学省　平成十二年度　子どもの学習費調査　二〇〇二
★12　ロバート・キヨサキ　シャロン・レクター（白根美保子訳）　金もち父さん　貧乏父さん　筑摩書房　二〇〇〇
★13　ヘンリー・クレイ・リンドグレン（著）　原岡一馬（訳）　お金の心理学　有斐閣　一九八八
★14　労働大臣官房政策調査部（編）　若年者就業の実態：若年者就業実態調査報告　一九九七
★15　NHK放送文化研究所（編）　現代日本人の意識構造（第五版）　NHKブックス　二〇〇〇
★16　黒井千次　働くということ　講談社現代新書　一九八二
★17　小此木啓吾　モラトリアム人間の時代　中央公論　一九七八
★18　キャリアガイダンス　二〇〇二　vol・3
★19　小橋康章　決定を支援する　認知科学選書18　東京大学出版会　一九八八
★20　印南一路　すぐれた意思決定―判断と選択の心理学　中央公論社　一九九七（文庫版　中公文庫　中央公論新社　二〇〇二）
★21　ハーバード・A・サイモン（著）　稲葉元吉・吉原英樹（訳）　システムの科学（第3版）　パーソナルメディア　二〇〇一

## 図表の出典

表1－1　朝日新聞　朝刊　二〇〇二年二月二十二日　より

表1－2　厚生労働省　労働市場年報　二〇〇三　より

表1－3　リクルートリサーチ　アルバイトの就労等に関する調査　二〇〇〇　より

図2－1　Super, D.E. A Life-Span, Life Space Approach to Career Development. *Journal of Vocational Behavior,* 16. No. 3, 1980, 282-298. より

図2－2　文献★10と同

図2－3　労働省　平成十二年　国民生活基礎調査　二〇〇〇　より

表2－1　労働省　世帯主の年齢階級別にみた1世帯当たり・世帯人員1人当たり平均所得金額 (http://www.mhlw.go.jp/toukei/saikin/hw/k-tyosa/k-tyosa00/syotoku4.html)　二〇〇〇　より

表2－2　荻原博子　一生、必要なお金に困らないで暮らせる本　三笠書房　二〇〇〇　より

図2－4　文献★15と同

## あとがき

「人生をプロデュースする」

これは、本書のタイトルを考えていたときに一つの案として出てきたものです。「プロデュース」はちょっと発音しにくい言葉ですし、「す」が二つ重なってしまっているところもいいにくいのでボツとなったのですが、私たちの意図の表現としてはとてもぴったりしたものでした。

人生においては、人は主人公であり、同時にプロデューサーでもあります。生き方が多様化し、またその多様性が認められるようになった現在では、プロデューサーとしての役割がさらに重要になってきているのだろうと思います。現状を分析し先を読みながら、主人公をどのように仕立てていくかということが、結局は自分の人生を充実させることにつながるのです。

プロデュースは誰かにまかせて、主人公だけを演じていくことは、もはやできない社会になっているのでしょう。しかし、これにどれだけの人が気づいているのでしょうか。

もしかすると、それに気づけた人だけが人生を充実させることができるのかもしれません。本書は就職活動を念頭に置いていますが、それは人生の一時点に過ぎません。しかし、そこで培われたものは、これからのみなさんの人生においても生かすことができるだろうと思います。本書を読みながら、人生をプロデュースすることの大切さ、プロデュースすることのおもしろさについて少しでも感じ取っていただけたら、著者として存外の喜びです。

最後に、このフレーズを提供してくださった人であり、また私たちの遅々として進まない作業に根気強くつきあってくださった北大路書房編集部の薄木敏之氏と、就職活動の経験をいかしてイラストを描いてくださった、いしだりえ氏に心よりお礼申しあげます。

二〇〇四年三月　　著者一同

【著者紹介】

**浦上昌則（うらかみ・まさのり）**　南山大学人文学部准教授
　専門：発達心理学・キャリア教育論
　人生は真剣勝負のゲームだと思います。みなさんはゲーム板上のコマですが，コマを動かす指し手でもあります。自分というコマをどのように動かしていくのか。進むのか，休むのか，右に行くのか，左に行くのか。ゲームの流れをにらみながら最善の戦略をたてる。このようにみれば，進路を考えることにワクワクしてきませんか。

**三宅章介（みやけ・あきゆき）**　東海学園大学経営学部教授
　専門：企業内教育論・キャリア教育論
　学生時代に，あまり成績がよくなかったからといって仕事もできないというように思わないでください。これはむしろ，採用者側にお願いしたいことですが。人間は仕事を通じて成長するものです。だからといって，学生時代に勉強をしなくてもよいというわけではありません。かけがえのないこのときを，自分を信じて過ごしてほしいものです。

**横山明子（よこやま・あきこ）**　帝京大学理工学部准教授
　専門：教育心理学・キャリア教育論
　進路決定は未来の自分の姿を考えることです。幼い時にはどんな未来を想像していましたか。さてこれから皆さんはどこへ行くのでしょう？　今は準備の時。たった一回限りの人生です。いつも自分を大切にして可能性を信じて邁進してください。

**就職活動をはじめる前に読む本**—人生を創造するために—

2004年４月20日　初版第１刷発行
2010年１月20日　初版第３刷発行

定価はカバーに表示してあります。

著　者　浦上昌則
三宅章介
横山明子

発行所　㈱北大路書房

〒603-8303　京都市北区紫野十二坊町12-8
電　話　(075) 431-0361㈹
ＦＡＸ　(075) 431-9393
振　替　01050-4-2083



ISBN978-4-7628-2379-4　Printed in Japan